Solomon · Judentum

Norman Solomon

Judentum

Eine kurze Einführung

Aus dem Englischen übersetzt
von Ekkehard Schöller

Mit 12 Abbildungen

Philipp Reclam jun. Stuttgart

Titel der englischen Originalausgabe:
Judaism. A Very Short Introduction.
Oxford / New York: Oxford University Press, 1996.

Der Autor Norman Solomon ist Fellow am Oxford Centre for Hebrew and Jewish Studies und lehrt zugleich an der Universität Oxford.

Universal-Bibliothek Nr. 9780

Umschlagabbildung: Der aus Widderhorn gefertigte *Schofar*, der zum jüdischen Neujahrstag geblasen wird
Foto: Werner Braun, Jerusalem
Gesamtherstellung: Reclam, Ditzingen. Printed in Germany 1999

ISBN 3-15-009780-0

Inhalt

Einleitung 9

1 Wer sind die Juden? 14
2 Wie kam es zur Spaltung von Judentum und Christentum? 27
3 Wie entwickelte sich das Judentum weiter? 41
4 Jüdischer Kalender und jüdische Feste 65
5 Das spirituelle Leben: Gebet, Meditation, Thora . . 80
6 Die Gründung eines jüdischen Heims 99
7 Hinaus aus dem Ghetto, hinein in den Sturm . . . 114
8 Das Judentum im 20. Jahrhundert 127
9 »Ewiges Gesetz«, Wandel der Zeiten 146

Anhang

Die dreizehn Glaubensgrundsätze nach Maimonides 157
Das »Philadelphia-Programm« des Reformjudentums 158

Vorschläge zur weiteren Lektüre 160
Personen-, Orts- und Sachregister 165

Hat nicht ein Jude Augen? Hat nicht ein Jude Hände, Gliedmaßen, Werkzeuge, Sinne, Neigungen, Leidenschaften? Mit derselben Speise genährt, mit denselben Waffen verletzt, denselben Krankheiten unterworfen, mit denselben Mitteln geheilt, gewärmt und gekältet von eben dem Winter und Sommer als ein Christ? Wenn ihr uns stecht, bluten wir nicht?

Shakespeare, *Der Kaufmann von Venedig* III,1, V. 63
(Übersetzung: A. W. Schlegel)

Jüdische Einwanderer in Israel aus verschiedenen Ländern. Auffällig ist die Vielfalt der Gesichtszüge, die eine ganz unterschiedliche ethnische Herkunft zeigen

(Foto: Werner Braun, Jerusalem)

Einleitung

Die Suche nach den richtigen Wörtern

Dies ist ein Buch in deutscher Sprache. Wie alle anderen Sprachen, die sich in einer christlichen Kultur entwickelten, ist sie nicht neutral. Sie ist vielmehr mit christlichen Begriffen und Prämissen befrachtet. Und da das Christentum im 1. Jahrhundert nach der Zeitwende aus einem innerjüdischen Konflikt entstand und sich gegen das Judentum abgrenzte, ist es schwierig, die jüdische Religion aus einer christlichen Kultur und Sprache heraus so unbefangen zu betrachten, wie man etwa den Schintoismus oder den Buddhismus betrachten würde. Man denke nur an einige der beleidigenden Untertöne, die in dem schlichten Wort »Jude« lange Zeit mitschwangen.

Wenn man mit Fragen beginnt: »Was denken die Juden von Jesus?« oder: »Was ist im Judentum wichtiger, der Glaube oder die Werke?«, ist man bereits auf dem Holzweg: Auf diese Weise nähert man sich der jüdischen Religion mit christlichem Gepäck. Es finden sich in diesem Buch auch auf solche Fragen Antworten, doch helfen sie nicht, das Judentum so zu verstehen, wie es sich selbst, *von innen heraus*, versteht. Für das Judentum steht Jesus nicht im Zentrum, noch setzt es voraus, daß Glauben und Werke einen Gegensatz bilden.

Beginnen wir daher von vorne und versuchen herauszufinden, was »Judesein« heißt und wie die jüdische Religion *von innen* aussieht. Es folgt zuerst eine Liste von zentralen Begriffen, die einer Gruppe christlicher Studenten nützlich erschienen, um anderen das »Christsein« zu erläutern:

- Gott Vater, Sohn und Heiliger Geist
- Glaube
- Auferstehung
- Liebe

- Erlösung
- Taufe
- Sündenvergebung
- Kreuzigung
- Bekehrung
- Konfirmation und Kommunion
- Himmelfahrt
- Rechtfertigung
- Heilige Schrift
- Geburt Christi
- Abendmahl
- Gebet
- Hoffnung
- Gemeinschaft des Glaubens
- »wiedergeboren«
- Gehorsam
- ewiges Leben
- Nachfolge Christi

Die nächste Liste stammt von einem gläubigen Juden, der einer Gruppe von Christen seinen Glauben erklären wollte:

- Gott (persönliche, historische, vielgestaltige Beziehung)
- *Thora* (der Weg, die Weisung [Martin Buber], das Lehren, *nicht* das Gesetz)
- *Mizwa* (»Gebot« = die praktische Einheit der Thora = gute Tat)
- *Avera* (Gesetzesübertretung, Sünde)
- Freier Wille
- *Teschuwa* (Buße, »Umkehr« zu Gott)
- *Tefilla* (Gebet)
- *Zedaka* (»Gerechtigkeit«, »Korrektheit« = Nächstenliebe)
- *Chesed* (Liebe, Mitleid, Güte)
- *Jetzer Ha-Tow* (»guter Trieb« – die angeborene psychische Neigung, Gutes zu tun), im Gegensatz zu *Jetzer Ha-Ra* (der Trieb, Böses zu tun; Ursache wie Heilmittel für die Untreue gegenüber Gott liegen beim einzelnen Menschen)
- Israel (Volk, Land, Bund Gottes)

Etliche Begriffe (Gott, Thora, Israel) sind deutschsprachigen Christen durchaus vertraut. Doch derjenige, der die

Liste zusammenstellte, glaubte offensichtlich, sie seien dennoch erläuterungsbedürftig, weil sie leicht mißverstanden werden könnten. Die Mehrzahl sind dagegen rein hebräische Begriffe; ihre Bedeutung im Deutschen zu formulieren ist überaus schwierig, obgleich es sich um alltagssprachliche, also eigentlich »leichte« Wörter handelt.

Daß alle Begriffe der christlichen Liste, bis auf die christologische Gruppe »Sohn«, »Kreuzigung«, »Himmelfahrt« und »Geburt Christi«, auch in einem jüdischen Gespräch vorkommen könnten, ist nicht weiter überraschend. Doch sie transportieren andere Bedeutungsnuancen und haben ein anderes dogmatisches ›Gewicht‹. Gerade die in beiden Glaubenstraditionen viel benutzten Begriffe »Bund Gottes«, »Erlösung« und »Heilige Schrift« sind es aber, die am meisten Verwirrung stiften. Ihre Bedeutungen decken sich partiell, sind aber nicht identisch. So hat man manchmal den Eindruck, daß die beiden Religionen durch eine gemeinsame Sprache mehr getrennt als vereint sind.

Man störe sich nicht daran, daß die hebräischen Wörter so klingen, als ließen sie sich nur schwer einprägen oder verstehen. Sie werden in diesem Buch, wenn nötig, immer wieder erklärt. Ihre Bedeutung erlernt man freilich am besten im Kontext: bei der Lektüre dieses oder anderer Bücher oder im Gespräch mit Juden, die sie als ganz selbstverständlich verwenden. Es verhält sich damit genau wie mit dem Erlernen einer anderen Sprache – und es handelt sich ja auch wirklich um das Lernen einer Sprache, nämlich der ›natürlichen‹ Sprache der jüdischen Religion.

Religionen sind keine abstrakten Gebilde. Ihre Anhänger beteuern oft, Gott habe sie ihnen eingegeben oder sogar die heiligen Texte diktiert und sie seien ewig gültig. Doch die Menschen müssen diese Texte für ihr Leben auslegen und sie anwenden, und die auf den folgenden Seiten entrollte Geschichte handelt davon, wie die Juden mit ihren Texten während der vergangenen zwei Jahrtausende gelebt haben.

Unsere Geschichte hat vier Darsteller: Gott, die Thora,

das Volk Israel und die umgebende Welt. Beziehungen spielen in ihr eine zentrale Rolle: das ›Einzelne‹ (Israel) steht in ständiger Wechselwirkung mit dem ›Allgemeinen‹ (der Menschheit als ganzer in Gestalt der kulturellen Umwelt). Es gibt Herausforderungen und Reaktionen, Spannungen und Lösungen, Tragödien und Freuden.

Judentum im engeren Sinn ist die Religion der Juden. Aber wer sind die Juden? Das ist das Thema des ersten Kapitels. Vorerst betrachten wir als Juden alle Mitglieder jener heutigen Gruppen, die sich positiv auf die von den Rabbinen des Talmuds definierten Traditionen beziehen (mehr über den Talmud in Kapitel 3). Ausgeschlossen ist dadurch die »Religion des Alten Testaments«, die in den eher reaktionären theologischen Seminaren noch immer als Zweig der Judaistik präsentiert wird. Die ›Welt‹ der Rabbinen wurzelt in jenen Partien der Hebräischen Schrift, auf die sie ihre Autorität stützt. Wir werden allerdings sehen, daß diese Welt von einer wörtlichen Textauslegung weit entfernt ist.

Unsere Definition schließt auch andere »jüdische Sekten« aus, die im 1. Jahrhundert ihre Blütezeit hatten – Essener, Sadduzäer, Samariter und »Judenchristen«. (Einige dieser Gruppen werden uns freilich in Kapitel 2 wiederbegegnen. Dort wird berichtet, wie es zur Spaltung von Judentum und Christentum kam, die ursprünglich eine Religion bildeten.)

Das zentrale Thema dieser Einführung bildet die Religion. Sie läßt sich jedoch nicht von der Gesellschaft, der Geschichte oder den emotionalen Erfahrungen und geistigen Erkenntnissen ihrer Gläubigen trennen. Wir flechten daher einige Informationen über die jüdische Gesellschaft und die Geschichte der Juden ein.

Dabei treffen wir unsere eigene Wahl zwischen den großen Schulen der jüdischen Historiographie, welche die gleiche Geschichte so verschieden erzählen. Da gibt es die »tränenreiche« Schule, für welche die jüdische Geschichte ein Jammertal, ein Leiden und Martyrium, eine einzige Kette von Verfolgungen ist. Diesen Typus kennen wir seit Ephraim von Bonn aus dem 12. Jahrhundert, der seine berühmte Martyrologie im Gefolge der den Zweiten Kreuzzug begleitenden Massaker an den Juden im Rheinland, in England und Frankreich verfaßte. Weiter gibt es die »Jerusalem«-Schule (Ben Zion Dinur), in deren Sicht die ganze jüdische Geschichte auf das Land Israel bezogen ist. Am anderen Pol steht der große Historiker Simon Dubnon, der die positiven Leistungen des »Diaspora-Judentums« hervorhob. Und es gibt die traditionellen Theologen, die – in echt biblischem Stil – die jüdische Geschichte behandeln als fortlaufende Erzählung von der Sündhaftigkeit und Buße des jüdischen Volks und von Gottes Strafen und Belohnungen oder sie in große »vorherbestimmte« Zyklen einteilen, die in der Ankunft des Messias kulminieren. Scherira Gaon, im 10. Jahrhundert in Babylon lebend, wurde zum Vorbild für all jene, die jüdische Geschichtsschreibung als die Aufgabe ansahen, die authentische Tradition bis zu Moses zurückzuverfolgen. Franz Rosenzweig im 20. Jahrhundert dagegen scheint die Bedeutung der Geschichte überhaupt zu negieren: »Wir sehen Gott in jeder ethischen Handlung, aber nicht in dem vollendeten Ganzen, der Geschichte; denn wozu bräuchten wir einen Gott, wenn die Geschichte göttlich wäre?«

Für uns jedoch steht die *kreative* Geschichte des Judentums im Vordergrund. Die Leiden, die Verfolgungen und Vertreibungen kann niemand leugnen. Erstaunlich aber ist, daß der jüdische Geist dennoch über die Jahrhunderte hinweg geblüht hat in einer noch immer nicht endenden Prozession von Dichtern und Heiligen, von Philosophen und Bibelkommentatoren, von Grammatikern und Talmudisten, von Juristen, Satirikern, Rabbinen und Pädagogen, aber auch von unbesungenen Frauen und Männern einfachen Glaubens.

1
Wer sind die Juden?

Gehört die Tomate zum Obst oder Gemüse? Für den Botaniker unzweifelhaft zum Obst, für den Küchenchef zum Gemüse – was aber würde die Tomate selbst sagen? Wenn sie überhaupt über die Sache nachdächte, würde sie wohl die gleiche Identitätskrise erleben, in die Juden leicht geraten, wenn man sie in die Zwangsjacke einer Rasse, einer ethnischen Gruppe oder einer Religion zu stecken versucht. Läßt man sie in Ruhe, sind Tomaten und Juden weder besonders komplizierte noch obskure Wesen. Sie passen aber nicht ohne weiteres in die bequemen Kategorien wie »Obst« oder »Gemüse«, »Nation« oder »Religion«, die zur Klassifizierung anderer Nahrungsmittel und Menschen sonst so nützlich sind.

Woran würden Sie eine Jüdin oder einen Juden erkennen, wenn sie oder er Ihnen auf der Straße begegnete? Es gibt sowohl schwarze wie weiße, orientalische wie okzidentale, konvertierte wie jüdisch geborene, atheistische, agnostische und noch viele andere Typen von religiösen Juden. Ist es da überhaupt möglich, die Juden kollektiv zu beschreiben? Wie viele Juden gibt es? Und wo leben sie?

Wer waren die Juden früher?

Die Frage nach der jüdischen Identität ist überraschend neu. Im Mittelalter etwa sah niemand darin ein Problem. Man *wußte*, wer die Juden waren. Die Juden waren ein »besonderes Volk«, »das auserwählte Volk«, wie es in der Bibel heißt, auserwählt von Gott zum Träger seiner Offenbarung. Doch sie hatten Jesus verworfen. Sie waren deshalb verflucht und zu einem niederen sozialen Status verdammt, bis sie Jesus anerkennen würden, wenn die Zeit erfüllt sei. Im späten Mittelalter hatte sich die christliche Voraussage erfüllt: die Christen hatten unter Anwendung politischer Macht die Juden tatsächlich in jenen niederen sozialen Status abgedrängt, den sie ihnen prophezeit hatten. Die Juden wurden gezwungen, in Ghettos zu leben, sie mußten besondere Kleidung tragen, waren von Zünften, Berufen und Landbesitz ausgeschlossen, wurden von den Kanzeln als Christusmörder geschmäht, der Brunnenvergiftung (zur Zeit der Pest) beschuldigt, sowie der Hostienschändung, des »Ritualmords« an christlichen Kindern (die sogenannte »Blutanklage«: angeblich benutzten sie ihr Blut für das Pessach) und so gut wie jeder Schandtat, die nur ein verwirrter Geist auf eine fremde Gruppe projizieren konnte.

Es ist aufschlußreich, ja geradezu schockierend, wie die Juden in der christlich religiösen Kunst, besonders des Westens, dargestellt wurden. Vor dem 12. Jahrhundert besaßen sie keine physischen Merkmale, die sie von anderen Menschen unterschieden. Dann erfolgte plötzlich ein Umschlag: die europäischen Juden bekommen Hakennasen, Schwimmfüße und andere Merkmale, mit denen man sich sonst die Physiognomie des Teufels auszumalen pflegte. Selbst im 20. Jahrhundert hält sich noch in Teilen Europas der Volksglaube, die Juden trügen Hörner. Natürlich waren es nicht die Juden, die ihr Äußeres im 12. Jahrhundert auf mysteriöse Weise verändert und in neuerer Zeit zurückverwandelt hatten, sondern es war die christliche Ikonographie, die von nun an den Mythos des jüdischen Bundes mit dem Teufel artikulierte.

Die in der mittelalterlichen »Christenheit« erzeugten Stereotypen waren selbst dann noch virulent, als das System unter dem Einfluß der Aufklärung zusammenbrach. Sogar Voltaire, ein Protagonist der Aufklärung, hielt die Juden für eine verkommene und minderwertige Rasse. Anstelle des theologischen Antijudaismus der Kirchen entwickelte sich ein rassistischer Antisemitismus, der in der »Endlösung«

der Nazis, dem Projekt der Erniedrigung und physischen Ausrottung der »jüdischen Rasse«, gipfelte.

Doch die Nazis hatten ein Problem. Spätestens 1933 war es völlig evident, daß die Juden *keine* Schwänze, Hörner oder irgendwelche anderen anstößigen Züge besaßen, die sie von anderen Deutschen (oder Polen oder wem immer sonst) unterschieden. Als Goebbels und sein Propagandaapparat die mittelalterlichen Karikaturen im *Stürmer* wiederaufleben ließen, war denn auch die jüdische »Normalität« derart weit vom Hirngespinst der rassischen Verschiedenheit der Juden entfernt, daß die Nürnberger Gesetze geradezu hilflos Juden als Personen definieren mußten, die zumindest von einem jüdischen Urgroßelternteil abstammten, also 12½ Prozent »jüdisches Blut« in sich trugen. Es war ein böses Omen, daß die Nazis ihre ersten antijüdischen Gesetze – unter anderem Boykott, Rassentrennung und besondere Kleidung – just auf jene Dekrete stützten, die Papst Innozenz III. während des 4. Laterankonzils von 1215 erlassen hatte. Ein Hauptziel dieser Gesetzgebung war es, die Juden dadurch zu isolieren, daß sie anders als andere Menschen *aussehen* sollten – trotz der Tatsache, daß die Natur sie unpassenderweise ungefähr genauso geschaffen hatte wie die anderen auch.

Wie dachten die Juden früher über sich selbst?

Solange die christliche oder muslimische Umwelt die Juden weiter als ein »besonderes Volk« definierte und Gesetze zur Sanktionierung ihres speziellen Status erließ, haben die Juden ihre gesellschaftliche Situation verinnerlicht und ihr Los in den alten biblischen Kategorien interpretiert. Sie sahen sich als Gottes auserwähltes Volk, als eine Nation im Exil. Wie ihre Unterdrücker glaubten sie, Gott habe sie wegen ihrer Sünden verbannt. Doch sie zogen daraus andere Schlüsse als Christen und Muslime. Während die Christen und – in einem geringeren Maße – die Muslime verkündeten, Gott habe die Juden, indem er sie bestrafte, verworfen und fallengelassen, hielten die Juden ihr Los für eine Bestätigung ihres Status der »Auserwähltheit«: »Wen der Herr liebt, den züchtigt er« (Sprüche 3,12). Die Völker, bei denen sie im Exil lebten, glichen den »unreinen« Götzenanbetern von ehedem, deren Schmeicheleien und üblem Einfluß sie um jeden Preis widerstehen mußten – bis zu der Zeit, wo Gott in seiner unendlichen Gnade beschließen würde, sein Volk zu erlösen und unter seinen Schutz zu stellen.

So hatten die Juden im ganzen Mittelalter und bis weit in spätere Zeit überall da, wo mittelalterliche Denkweisen und Gesellschaftsstrukturen fortbestanden, kein ›Identitätsproblem‹. Und da ihre eigenen Traditionen und ihre kulturelle Umwelt sich gegenseitig stabilisierten, war eine klare Trennlinie zwischen ihnen und ihren geographischen Nachbarn gezogen.

Natürlich gab es immer Sonderfälle, doch sie waren gering und ließen sich leicht durch tradierte Regeln entscheiden. Was war etwa der Status eines Kindes jüdischer Eltern, das von einem Feind gefangengenommen, christlich erzogen und später wieder in den Schoß des jüdischen Volkes zurückgekehrt war? Oder was war der Status des Kindes einer jüdischen Frau, die – wie es nicht selten geschehen sein mochte – von einem christlichen Soldaten oder Oberherrn vergewaltigt wurde? Die Regel, die sich zumindest bis in die Römerzeit zurückverfolgen läßt, war klar. Das Kind einer jüdischen Mutter war Jude; das Kind eines jüdischen Vaters mit einer nichtjüdischen Frau war Nichtjude, zumindest so lange, bis es formell konvertiert war. Diese Regel gilt noch immer in den meisten jüdischen Gruppen. In jüngster Zeit jedoch haben Reformkongregationen in den USA, dem Trend zur Geschlechtergleichstellung folgend, entschieden, daß wenn einer der beiden Eltern Jude ist, das Kind die vollen Rechte in der jüdischen Gemeinde besitzt, ohne formell konvertiert sein zu müssen (vgl. S. 121 f.).

Wie sehen sich die Juden heute selbst?

In einem kürzlich erschienenen Buch über jüdische Identität definiert Michael Meyer, Professor für Jüdische Geschichte am Hebrew Union College Jewish Institute of Religion in Cincinnati, im Anschluß an die Forschungen des Soziologen Erik H. Erikson »Identität« als

> »die Gesamtheit der Charakteristika, die die Individuen als konstitutiv für ihr Selbst erachten. Die individuelle Identität wurzelt in Identifikationen des Heranwachsenden mit Personen, die ihm nahestehen, mit deren Werten und Verhaltensmustern. Während es zum Erwachsenen heranreift, müssen diese Identifikationen vom Individuum nicht nur aufeinander abgestimmt, sondern auch an die Normen der Gesellschaft, in der es eine Rolle zu spielen hat, angepaßt werden. Dieser Prozeß repräsentiert die ›Identitätsbildung‹ [...].«

Für den Ghettojuden stellte die Anpassung »an die Normen der Gesellschaft, in der das Individuum eine Rolle zu spielen hat«, kein großes Problem dar. Zwischen den Normen und Werten der Gesellschaft, als deren Glied er sich empfand – d. h. der jüdischen Gesellschaft –, und jenen, die er in der Familie, in der er aufgewachsen war, erworben hatte, gab es keine ernsthaften Konflikte. Familie, Gemeinde und die Fremdheit gegenüber dem, was jenseits lag, bildeten das Amalgam, aus dem sich eine klare Identität herauskristallisieren konnte.

Doch als die Juden in Europa und Amerika allmählich die Bürgerrechte erlangten und sich als Bürger der neuen Nationen oder gar der ganzen Welt fühlten, wurden viele mit radikal anderen Normen als jenen, die sie von ihrer Kindheit her kannten, konfrontiert. Ihre Identität wurde weniger klar, weniger sicher.

Meyer behauptet, daß drei Faktoren zur Ausbildung

der heutigen jüdischen Identität beitrugen – Aufklärung, Antisemitismus und die Entstehung des Staates Israel. Wir wollen sehen, worin die Wirkung dieser Faktoren bestand.

Als die Juden, befreit von den Beschränkungen des Ghettolebens, durch die Aufklärung selbst einem Anpassungsprozeß an die moderne Kultur unterworfen waren, sahen sie sich gezwungen, ihr eigenes Verhalten statt durch Berufung auf irgendeine Autorität, etwa eine spezielle Offenbarung, durch Vernunftgründe – die allen gemeinsame Diskussionsbasis – zu rechtfertigen. Eine zweite Forderung der Aufklärung war, daß alle Menschen vor dem Gesetz gleich seien. Sie brachte den Juden zwar neue Bürgerrechte, bedeutete aber zugleich eine Absage an ihr Selbstverständnis als ein »besonderes Volk«.

Niemand hat dies wohl schärfer ausgesprochen als Graf Clermont-Tonnerre, der sich vor der Nationalversammlung der Französischen Revolution 1789 für die volle Staatsbürgerschaft der Juden einsetzte: »Als Volk muß man den Juden alles verweigern, als Individuen aber ihnen alles geben. Sie müssen gleichberechtigte Staatsbürger werden.« Mit anderen Worten, den Juden sollten die vollen französischen Staatsbürgerrechte gewährt werden. Dafür mußten sie auf ihre kollektive Sonderstellung und Autonomie verzichten. Die Entscheidung des Individuums sollte an die Stelle der tradierten Gemeindeautorität treten und die Religion zur »Privatsache« werden. Zwar begrüßten viele Juden diesen Wandel, der sich in West- und in Teilen Mitteleuropas rasch vollzog; vehement wurde er indessen von manchen Traditionalisten bekämpft, die befürchteten, er könnte die etablierte Gemeindeautorität mitsamt dem überlieferten Glauben und Ritus bedrohen. Als die »Plausibilitätsstruktur« traditioneller Glaubensformen, wie Peter L. Berger schreibt, fragwürdig wurde und anstelle der unbefragten Hinnahme der Gemeindeautorität die persönliche Entscheidung trat, wurde »der häretische Imperativ zum Grundphänomen der Moderne«.[1]

Meyer zufolge ist die Wirkung des Antisemitismus auf die jüdische Identität nicht eindeutig gewesen. Einerseits hat die Ablehnung durch die Außenwelt die jüdische Identität neu gestärkt: Religiöse Erneuerungsbewegungen sind oft in Zeiten der Diskriminierung und Verfolgung erblüht, als die Aufklärungsideale der Vernunft und universellen Menschenrechte ihre Strahlkraft eingebüßt hatten. Als Reaktion auf die »Damaskus-Affäre« von 1840 – die Damaszener Juden waren des Ritualmords angeklagt und von Pogromen bedroht – strömten Juden noch im fernen Amerika zu Protestversammlungen, intervenierten Moses Montefiori in England und Adolphe Crémieux in Frankreich und wurden die Juden weltweit in ihrer Entschlußkraft gestärkt. Und unter der Nachwirkung der »Mortara-Affäre« von 1858 – ein jüdisches Kind war heimlich getauft und von der päpstlichen Polizei in ein Kloster entführt worden – entstand 1859 zunächst der »Board of Delegates of American Israelites« und 1860 die französische »Alliance Israélite Universelle« (AIU). Beide Organisationen festigten – wie schon der 1760 bei der Thronbesteigung Georges III. gegründete englische »Board of Deputies of British Jews« – das jüdische Solidaritätsgefühl, wenngleich ihre primäre Absicht die Verteidigung der Rechte der Juden war.

Andererseits haben die Juden als Reaktion auf den Antisemitismus sich von ihrer Identifikation mit dem Judentum distanziert: durch Verschmelzung mit ihrer kulturellen Umwelt verheimlichen sie ihre jüdische Identität oder geben sie gar ganz auf. Wenn Juden merken, daß sie von Nichtjuden gedemütigt werden, kommen sie sich oft auch in ihren eigenen Augen minderwertig vor, verinnerlichen das gegen sie

1 Peter L. Berger, *The Heretical Imperative: Contemporary Possibilities of Religious Affirmation*, New York 1979; dt. Der *Zwang zur Häresie. Religion in der pluralistischen Gesellschaft*, Freiburg i. Br. 1992, S. 39–45. [Anm. d. Übers.]

bestehende Vorurteil und verfallen in Selbsthaß. Sie ändern ihre Namen, ihr Äußeres oder ihre Gewohnheiten, um sich ihrer Umwelt soweit wie möglich anzupassen. »Antisemitische Vorurteile machen Juden«, so Michael Meyer, »in Gegenwart von Nichtjuden noch befangener als sonst, mit der Folge, daß sie bestrebt sind, ihr Judentum so lange wie möglich vor dem Auge des nicht vertrauenswürdigen Außenstehenden, dessen Gunst gesucht wird, zu verbergen.«

Karl Marx' frühe Abhandlung *Zur Judenfrage* (1844) ist ein faszinierendes Beispiel einer intellektuellen Form jüdischen Selbsthasses. Marx behauptet, das Judentum sei weder eine Religion noch ein Volkstum, sondern Profitstreben. Indem er das riesige jüdische Proletariat in Mittel- und Osteuropa vollkommen ignoriert, setzt er Juden und Christen, deren Religion von der jüdischen abstamme, dem »Feind« gleich, dem Kapitalismus der bürgerlichen Gesellschaft. Marx flieht offensichtlich vor seiner jüdischen Identität – er wurde mit sechs Jahren getauft, stammt aber von beiden Elternseiten von Rabbinen ab –, »assimiliert« sich dem kulturellen Milieu des Antisemiten Feuerbach, dessen groteske Definition des Judentums er übernimmt, und sucht vor dem jüdischen Partikularismus Zuflucht im sozialistischen Universalismus.

Einer von Marx' engsten Gefährten war der nur wenig ältere Moses Hess, selbst ein bedeutender sozialistischer Philosoph. In einer frühen Schrift urteilte er ähnlich wie Feuerbach und Marx über das Judentum. Später akzeptierte er seine jüdische Identität, die er in seinem zukunftsweisenden Werk *Rom und Jerusalem* nicht in religiösen, sondern in nationalstaatlichen Kategorien faßte. Anders ausgedrückt, Hess hatte die dritte Bestimmung der jüdischen Identität in der Neuzeit, die Idee der »Rückkehr nach Zion«, wieder aufgegriffen.

Das Paradox des Zionismus – der Begriff wurde erst 1892 geprägt – liegt in seinem doppelten, sowohl religiösen wie säkularen Ursprung. Religiös gesehen war die Rückkehr nach Zion so alt wie Gottes Verheißung an Abraham, daß jenes Land, in dem er wohne, sein Land sei. Diese Verheißung wurde in der Geschichte immer wieder durch religiöse Schriften, Gebete und den frommen Wunsch, im heiligen Land Gottes Gebote zu erfüllen, bekräftigt. Bereits 1782 hatte Elia von Wilna eine »Vision«, die zur Rückkehr nach Zion nebst einem praktischen Programm zur Wiederherstellung Israels aufrief. Und in den vierziger Jahren des 19. Jahrhunderts hat der serbische Rabbiner Jehuda Alkalai, zweifellos vom balkanischen Nationalismus beeinflußt, den uralten Traum von der Rückkehr nach Zion in einer Weise neuformuliert, die sich den zeitgenössischen politischen Kategorien näherte.

Der entscheidende politische Anstoß kam allerdings erst später in diesem Jahrhundert: von säkularen sozialistischen Juden wie Moses Hess und schließlich Theodor Herzl, dem »Vater des modernen Zionismus«. Sie alle lehnten die traditionellen religiösen Glaubensformen ab. Andererseits erkannten sie, daß Aufklärung und Universalismus zwar die jüdische Identität ausgehöhlt, nicht aber den Antisemitismus ausgerottet hatten. Sie teilten mit anderen nationalistischen Philosophen und Politikern des 19. Jahrhunderts das Unbehagen am Universalismus, sahen aber, daß es ohne Preisgabe ihres Judentums unmöglich war, sich zu speziellen europäischen Nationalitäten zu bekennen. Sie lösten dieses Dilemma, indem sie einen spezifisch jüdischen Nationalismus, den Zionismus, kultivierten.

Um eine bewußt säkulare Formulierung der jüdischen Identität war Ascher Ginzberg, besser bekannt unter seinem hebräischen Pseudonym Echad Ha-Am (»einer vom Volk«), bemüht. Er verstand seinen »Kulturzionismus« als Aufruf zur Rückkehr ins geographische Land Israel, um dort eine neue jüdische Kultur zu schaffen. Sie sollte die Moral der Propheten und das Gleichgewicht von Körper und Geist im Sinne der Pharisäer bewahren, doch von religiösen Dogmen und dem restriktiven rabbinischen Ritual frei sein.

Die säkularistische Haltung der führenden politischen Zionisten war den religiösen Führern ein Greuel. Viele bekämpften die zionistische Bewegung, gaben sich aber ihren eigenen Träumen von einer Rückkehr nach Israel in den Tagen des Messias hin. Schließlich aber entstanden auch religiös motivierte zionistische Bewegungen, und zumal seit dem Holocaust und der Gründung des jüdischen Staates sind religiöse Juden in Scharen nach Israel emigriert und haben sich dem Aufbau des Landes gewidmet. Indessen sind die alten Konflikte zwischen religiösen und säkularen Juden keineswegs verschwunden, sondern tauchen regelmäßig in den politischen Debatten und bei sozialen Spannungen in Israel wieder auf.

Wo leben die Juden heute?

Vor dem Ausbruch des Krieges 1939 lebten etwa zehn Millionen Juden in Europa, fünf Millionen in Amerika (vorwiegend in Nordamerika), 830 000 in Asien (einschließlich Palästina), 600 000 in Afrika und eine Handvoll in Ozeanien – ihre Zahl betrug insgesamt vielleicht 18 Millionen.

Sechs Millionen – die genaue Zahl ist kontrovers – wurden ermordet. Global gesehen hat sich die demographische Situation des Judentums radikal verändert durch die Emigration der Juden aus den Kernländern der jüdischen Kultur Mitteleuropas, die physische Vernichtung der Mehrzahl der Zurückgebliebenen, die zunehmende jüdische Besiedlung Palästinas/Israels und die Vertreibung oder Flucht der Juden aus vielen nahöstlichen und nordafrikanischen Ländern. Nordamerika und Israel sind heute die Heimat der meisten Juden, Frankreich ist nach Rußland, aber noch vor Großbritannien, das europäische Land mit der größten jüdischen Minorität; fast verschwunden sind die einst florierenden jüdischen Gemeinden in muslimischen Ländern wie Ägypten, dem Iran und Irak.

Länder mit Populationen von zumindest 10 000 Juden (in Tausend)

Argentinien	300	Mexiko	35
Australien	90	Marokko	13
Belgien	30	Österreich	10
Brasilien	150	Südafrika	120
Chile	17	Spanien	12
Dänemark	10	Schweden	16
Deutschland	40	Schweiz	19
Frankreich	600	Tschechien	12
Großbritannien	300	Türkei	23
Holland	25	Ungarn	85
Iran	25	Uruguay	35
Israel	3755	USA	5950
Italien	35	(frühere) UdSSR	1450
Kanada	325	Venezuela	20

Heutige Identität der Juden

1992 fand in Oxford ein Symposion über »Jüdische Identitäten« im Neuen Europa statt. Der Sozialanthropologe Dr. Jonathan Webber, der dazu eingeladen hatte, warnte vor vereinfachenden Versuchen, die jüdische Identität auf oberflächliche Merkmale zu reduzieren, weil diese irreführend sein können. So mögen streng orthodoxe chassidische Juden wegen der Art, wie sie sich kleiden, als besonders rückwärtsgewandt erscheinen. Doch bis heute haben sie in den modernsten Metropolen wie New York Erfolg, weil sie sich auf die Bedingungen der Teilnahme an den Strukturen des modernen Kapitalismus hervorragend einzustellen wußten.

Webber hat recht mit seiner Warnung, doch ist die Situation noch komplizierter, als er meint. Die Identität des Individuums umfaßt viele Elemente, und die spezifisch jüdischen sind nie mehr als der Teil eines Ganzen. Heutige europäische Juden entwickeln die jüdischen Aspekte ihrer Identität aus einer Fülle von Optionen, die sich ihnen durch das Studium der Quellen wie durch Kontakte mit anderen Juden erschließen. Bis zu einem gewissen Grad sind ihre Entscheidungen, die sie dann tatsächlich treffen, von Familie, Gemeinde, persönlichen Erfahrungen und der kulturellen Umwelt beeinflußt. Vor allem aber wird nach dem Erwerb des Grundwissens alles, was mit ihrer Identität zu tun hat, durch die Auswirkungen der Schoah (des Holocaust) und die Bedeutung des Staates Israel bestimmt.

Die meisten Länder, in denen Juden heute leben, sind weitgehend säkulare Staaten mit einer pluralistischen Gesellschaft. Eine solche Umwelt bietet der Entfaltung der Identität ungeahnte Möglichkeiten und versetzt den einzelnen Juden in die Lage, sich autoritären Definitionen von Judentum, auch solchen von jüdischen Führern, zu widersetzen.

Natürlich müssen sich erst Gemeinschaften und größere Strukturen bilden, welche wiederum begrenzt sind, doch zumindest eine Minimaldefinition dessen erfordern, wer und wer nicht dazu gehört. Derlei Gemeinschaften und Organisationen sollten den Spielraum gegenseitiger Toleranz und Anerkennung maximal ausschöpfen. Mögen manche Menschen sich auch unsicher fühlen, wenn die Normen unscharf definiert sind, so wäre es doch ein größeres Übel, wenn die individuelle Freiheit unterdrückt und die Evolution des Judentums blockiert würde.

Niemand kann wissen, welche Formen die jüdische Identität annehmen wird, wenn sich die Wogen über dem Neuen Europa geglättet haben und ein dauerhafter Friede im Nahen Osten und in Israel eingekehrt ist. Zweifellos werden neue und andere Formen des Judentums und der jüdischen Identität entstehen. Narren mögen voraussagen, wie diese »Judaismen« aussehen werden; womöglich wird die Zukunft sie widerlegen, aber daraus entsteht kein großer Schaden. Schurken, die nach Macht streben, versuchen, der Zukunft ihre eigenen Strukturen zu oktroyieren; wahrscheinlich werden sie scheitern, jedoch bei dem Versuch sicher großen Schaden anrichten.

2

Wie kam es zur Spaltung von Judentum und Christentum?

Unsere Geschichte beginnt

Wann entstand die jüdische Religion? Ist sie wirklich »die älteste Religion der Welt«?

Gewiß nicht, wenn wir glauben, was die Experten uns über die menschliche Frühgeschichte berichten. Nach den Bildern zu schließen, die sie in ihren Höhlen malten, und der Art, wie sie ihre Toten begruben, besaßen die frühen Steinzeitmenschen – vor Zehntausenden von Jahren – ziemlich sicher religiöse Überzeugungen und Rituale. Ägypten samt seinen Tempeln und seiner Religion war schon alt, als der junge Moses im Pharaonenpalast lebte.

Aber vielleicht will man gerade dem schlichten Text der Bibel folgen. In diesem Fall hängt die Antwort davon ab, was man unter »Judentum« versteht. Meint man die Religion des Abraham (etwa 800 vor der Zeitwende [v. d. Z.]), der angeblich der Urahn des jüdischen Volkes (und übrigens auch der Araber) war?

Oder entstand das Judentum, als Moses die Zehn Gebote auf dem Berg Sinai empfing, ungefähr fünf oder vier Jahrhunderte nach Abraham? Oder später, als die Hebräische Schrift (das »Alte Testament«) abgeschlossen wurde?

Alle diese Antworten werfen ein großes Problem auf. Was wir heute als jüdischen Glauben betrachten, unterscheidet sich von der biblischen Religion in mancherlei Hinsicht. So glauben die Juden nicht wörtlich an das Prinzip »Auge um Auge«. Und obgleich die Hebräische Schrift zu diesem Thema nichts Eindeutiges sagt, ist die jüdische Tradition in hohem Maße der Vorstellung verpflichtet, daß es ein Leben nach dem Tod gibt. Daher kann keine Rede davon sein, daß die jüdische Religion, wie wir sie heute kennen, drei- oder viertausend Jahre alt sei. Was wir allenfalls sagen können, ist, daß die »Wurzeln« der jüdischen Religion – die frühesten Teile der Bibel – so alt sind.

Wie das »jüdische Jahr« berechnet wird

Für die traditionalistischen Juden beginnt die Geschichte gemäß der Bibel mit Adam und Eva. Danach ergibt sich als Datum für die Erschaffung Adams 3760 v. d. Z., weshalb die jüdische Zeitrechnung, die für religiöse Zwecke noch immer in Gebrauch ist, viele Jahre vor AD (*anno domini*) beginnt. 1998 entspricht somit AM 5758, 2000 AM 5760 (*AM* steht für *anno mundi* oder Jahre seit der Schöpfung der Welt).

Wenn wir in diesem Buch über das Judentum sprechen, meinen wir indessen mehr als diese Wurzeln. Wir meinen die in der Bibel wurzelnde Lebensform, wie sie etwa seit dem 2. Jahrhundert von den Rabbinen geprägt wurde. Dieses »rabbinische Judentum« ist das Fundament aller heute existierenden Formen des Judentums. Zweifellos messen die reformierten Juden den Lehren der Rabbinen weit weniger Gewicht bei als die orthodoxen Juden (Differenzen zwischen Orthodoxen und Reformern kommen in Kapitel 7 zur Sprache). Doch sowohl für Reformer als auch für Orthodoxe ist das rabbinische Judentum der Bezugspunkt ihres Glaubens und ihrer religiösen Praxis.

Manchmal wird der rabbinische Glaube auch als Religion der »doppelten Thora« bezeichnet, denn neben der schriftlichen Thora (der Hebräischen Schrift) erkennt er auch eine »mündliche Thora«, eine Überlieferung, die das geschriebene Wort interpretiert und ergänzt, an. (Gelegentlich begegnet man den Ausdrücken »geschriebenes Gesetz« und »mündliches Gesetz«. »Gesetz« ist freilich keine adäquate

Übersetzung von »Thora«; genauer sind »Weg«, »Lehre« oder »Weisung«, wie Martin Buber sagt.)

Nun führen Christen wie Juden ihre geistige Herkunft gern auf Moses, Abraham und Adam und Eva zurück – mit dem kleinen Unterschied, daß der englische Bischof Ussher für die Erschaffung von Adam und Eva das Jahr 4004 v. d. Z. berechnete, und nicht wie die Juden das Jahr 3760 v. d. Z. Auch die Christen beanspruchen die Thora – die Hebräische Schrift – für sich. Sie interpretieren sie genau wie die Juden nicht in ihrem Wortsinn. Aber sie legen sie nicht gemäß der »mündlichen Thora« der Rabbinen aus, sondern im Licht des Neuen Testaments.

Die unterschiedlichen Interpretationen wurden allerdings erst mit den Paulus-Briefen evident. Bis zu einem gewissen Zeitpunkt – vielleicht in der Mitte des 1. Jahrhunderts, der Generation nach Jesus – gab es zwischen Judentum und Christentum noch keine Scheidelinie. Jesus hat nie von sich selbst geglaubt, er predige eine andere Religion als die jüdische oder die Thora:

> »Denkt nicht, ich sei gekommen, um das Gesetz und die Propheten aufzuheben. Ich bin nicht gekommen, um aufzuheben, sondern um zu erfüllen« (Matth. 5,15).

Wenn man Jesus oder irgendeinen seiner Jünger gefragt hätte, was ihre Religion sei, hätten sie geantwortet: die jüdische.

Warum also kam es zur Spaltung? Warum entstanden zwei getrennte, wenn auch eng verbundene Religionen? Darüber gibt es eine traditionelle jüdische und eine traditionelle christliche Ansicht.

Die traditionelle jüdische Auffassung besagt, daß das Judentum eine uralte, von Moses am Berg Sinai empfangene Religion sei, die das jüdische Volk seitdem unverändert bewahrt habe. Irgendwann im 1. Jahrhundert lehrte Jesus, gefolgt von Paulus, eine neue Religion. Wichtige Teile entlehnte Jesus aus dem jüdischen Glauben, vermischte sie aber mit etlichen abstrusen und unrichtigen Ideen. Unter anderem verkündete er, er sei der Messias oder gar der »Fleisch gewordene« Gott.

Die traditionelle christliche Version besagt, daß der jüdische Glaube eine uralte, von Moses am Berg Sinai empfangene Religion sei, welche die Juden seitdem sorgfältig bewahrt hätten. Irgendwann im 1. Jahrhundert erschien Jesus und »vervollkommnete« diese Religion, indem er sie zu ihrem Abschluß brachte. Leider haben die Juden das Geschehene nicht dankbar anerkannt, sondern sich starrsinnig an die obsolete Form ihrer Religion geklammert.

Beiden Auffassungen ist gemeinsam, daß es zwei verschiedene Religionen gibt, die beide zu einem bestimmten Zeitpunkt ›fertig‹ vom Himmel gesandt oder erfunden wurden – die eine in den Tagen des Moses, die andere in den Tagen des Jesus von Nazareth. Sie unterscheiden sich in ihrer Bewertung des zweiten zentralen Ereignisses und dessen Verhältnisses zum ersten. Beide aber stimmen darin überein, daß die ›Mutter‹-Religion der jüdische Glaube und das Christentum die ›Tochter‹ sei, wenn auch (aus jüdischer Sicht) eine auf Abwege geratene.

Nach den Ergebnissen der historischen Forschung zu urteilen, gehen jedoch beide Versionen gewaltig fehl. Weder trat der jüdische Glaube irgendwann um 1400 v. d. Z. vollentwickelt ins Leben, noch verkündete Jesus um das Jahr 30 n. d. Z. – und nicht einmal Paulus eine Generation später – ein christliches Glaubensbekenntnis oder den Katechismus einer ›fertigen‹ Kirche. Beide Religionen durchliefen eine jahrhundertelange Entwicklung, ehe ihre Texte, Riten und Überzeugungen ihre ›traditionelle‹ Form gewannen. Sie haben zusammen existiert und sich als Reaktion auf veränderte Situationen und Erkenntnisse bis auf den heutigen Tag weiterentwickelt. Ja, sowohl das Judentum als auch das Christentum bestimmen sich heute so kraftvoll wie eh und je neu im Licht der modernen Wissenschaft, entwickeln zeitgemäße moralische Positionen und ein neues Verständnis der Weltprobleme.

So seltsam es klingen mag: der Talmud und andere grundlegende Schriften des rabbinischen Judentums entstanden tatsächlich später als die Evangelien, die grundlegenden Texte des Christentums. Als der Papst kürzlich von den Juden als den »älteren Brüdern« der Christen sprach, irrte er sich. Natürlich sind wir beide ›Kinder‹ der Hebräischen Schrift, doch von ihren konstitutiven Texten her gesehen (Neues Testament, Talmud) sind die Christen die »älteren Brüder«.

Woher stammen Judentum und Christentum?

Wenn man heute nach Israel reist, kann man Synagogen und Kirchen ebenso besichtigen wie heilige Stätten der Muslime, der Drusen, der Bahai, und man genießt die Verschiedenartigkeit der religiösen Kulte, an denen dieses Land so reich ist. Verlangt es einen mehr nach detaillierterem Wissen und religiöser Erbauung, so kann man eine Zeitlang eine oder mehrere der zahlreichen *Jeschiwot* – religiöse Seminare der verschiedenen Religionen und Konfessionen – studieren oder zu Füßen eines großen, inspirierenden Lehrers sitzen.

In den Tagen Jesu wäre dies ebenso möglich gewesen. Und viele nutzten dies. Josephus, Sohn des Mattathias, der Nachwelt besser bekannt als der Soldat und Historiker Flavius Josephus, unternahm als Jugendlicher in den fünfziger Jahren des 1. Jahrhunderts eben solch eine Rundreise, auf seiner persönlichen Suche nach spiritueller Erkenntnis. Später, unter der Schirmherrschaft des Kaisers Vespasian in Rom lebend, zeichnete er diese Erfahrungen in seiner Autobiographie und seinen *Jüdischen Altertümern* auf.

Nach Josephus waren die Juden im 1. Jahrhundert in vier Sekten oder »Philosophien« gespalten. Die Pharisäer – die Gruppe, zu der er sich persönlich am stärksten hingezogen fühlte – leben nach seinem Urteil bescheiden, wie es die Vernunft gebietet. Sie achten die Älteren und glauben an die göttliche Vorsehung, an Willensfreiheit und persönliche Unsterblichkeit. Beim Volk, das sie im Gebet und Opfer anleiten, sind sie angesehen. Die Sadduzäer hingegen leugnen das Leben nach dem Tode und befolgen ausschließlich die expliziten Gebote der Schrift. Die Essener – viele Forscher identifizieren sie mit der Sekte, die uns heute durch die Schriftrollen vom Toten Meer bekannt ist – schreiben alle Dinge Gott zu und lehren die Unsterblichkeit der Seele. Ausgezeichnet durch ihren tugendhaften Lebenswandel, meiden sie aufgrund strenger ritueller Reinheitsvorschriften das Tempelopfer und besitzen alles gemeinsam; sie heiraten nicht und halten keine Dienstboten. Josephus behauptet, er habe drei Jahre bei Banus, einem ihrer Lehrer, verbracht, welcher »in der Wüste lebte, nur Kleidung trug, die auf Bäumen wuchs, und ausschließlich Nahrung aß, die von selbst gedieh«. Die vierte Gruppe, die Josephus nicht aufsucht, nennt er die Zeloten. In den meisten Dingen stimmen sie mit den Pharisäern überein, übertreffen sie aber noch in ihrer Bereitschaft, für die Freiheit von aller Herrschaft außer der göttlichen zu sterben.

Das religiöse Leben im Palästina des 1. Jahrhunderts war sogar noch vielfältiger, als Josephus meint. Es gab zwar noch keine Muslime, Drusen oder Bahai, wie man sie im heutigen Israel antrifft. Doch da waren die Samariter, eine jüdische Sekte mit einer anderen ethnischen Identität und einem eigenen Tempel auf dem Berg Garizim. Da waren die Mystiker, die esoterisches Wissen von den »himmlischen Palästen« und dem Aufstieg zu Gott für sich beanspruchten. Es gab die apokalyptischen Visionäre, die das göttliche Gericht und das Ende der Welt verkündeten. Zu der Zeit, als Josephus seine spirituelle Reise unternahm, muß es auch etliche Gruppen von Anhängern Jesu gegeben haben. Allerdings scheinen sie seine Aufmerksamkeit nicht auf sich gezogen zu haben. Außer den Spielarten der jüdischen Religiosität gab es noch die heidnischen und »Mysterien«-Kulte, die im Römischen Reich weit verbreitet waren, schließlich die Religion des Zoroaster (Zarathustra), die im Osten dominierte. An jenen Ausprägungen zeigt Josephus jedoch wenig Interesse; indessen war er offensichtlich in der griechischen Kultur, vor allem in Geschichte und Philosophie, sehr bewandert.

Das Christentum war also im Jahr 50 eine kleinere jüdische Sekte und das Judentum selbst der Kult einer Minderheit innerhalb des Römischen Reiches. Aus der Geschichte wissen wir, daß die kleinen Jesus-Gruppen sich von ihrer »Mutter« trennten und innerhalb von ein paar Jahrhunderten die alten heidnischen Kulte als führende Religion Europas verdrängten, daß die »Philosophie« der Pharisäer sich zum rabbinischen Judentum entwickelte und daß der Islam seit dem 7. Jahrhundert ähnliche Vorstellungen von Gott und der Gesellschaft in weite Teile Afrikas und Asiens trug.

Doch *warum* trennten sich die Anhänger Jesu schließlich von ihren jüdischen Brüdern? Und warum entstand dieser gegenseitige Haß zwischen den zwei Religionen, die beide die Nächstenliebe predigten?

Warum kam es zur Spaltung?

Von einer erbitterten Konfrontation zwischen den Führern der jüngst gegründeten christlichen Sekte – vermutlich irgendwann zwischen 50 und 60 n. d. Z. – berichtet das 15. Kapitel der Apostelgeschichte im Neuen Testament. Um diese Zeit hatte Paulus, der bis dahin die Anhänger Jesu unerbittlich bekämpft hatte, seine berühmte Vision auf der Straße nach Damaskus erlebt, worauf er sich der von ihm zuvor verachteten Sekte anschloß. Mit seinem Freund Barnabas kehrte er von Antiochia in Syrien nach Jerusalem zurück, um bei den »Ältesten« um Unterstützung für seine Auffassung zu werben, daß zum Christentum konvertierte

Heiden sich weder beschneiden lassen noch dem »Gesetz des Moses« gehorchen mußten.

Es gab eine hitzige Debatte. Während Paulus und Petrus (beide selbst Juden) für eine Lockerung der strengen Anforderungen des Gesetzes plädierten, um den Heiden die Konversion zu erleichtern, hielten andere die uneingeschränkte Verpflichtung gegenüber der Thora und ihren Gesetzen für sakrosankt. Jakobus, der Bruder Jesu, machte schließlich den Vorschlag, man solle den Heiden keine zu große Bürde auferlegen und sie nur anweisen, »Verunreinigung durch Götzenopfer[fleisch] und Unzucht zu meiden und weder Ersticktes noch Blut zu essen« (Apg. 15,29). Dieser Kompromiß, heißt es in der Apostelgeschichte weiter, wurde von der Versammlung angenommen und ein entsprechender Brief nach Antiochia, Syrien und Kilikien abgesandt.

Aus anderer Quelle ist jedoch bekannt, daß dieser Kompromiß keine einhellige Unterstützung fand. Paulus selbst erklärte immer wieder das »Gesetz des Moses« (wozu etwa das Verbot, Fleisch von erstickten Tieren zu essen, gehörte) für obsolet. Andererseits blühte eine Zeitlang die »judenchristliche« Gemeinde, welche die »Thora des Moses« vollständig befolgte und ihre besondere Identität trotz der Marginalisierung durch paulinische Christen jahrhundertelang bewahrte; vermutlich gehörte ihr auch Jakobus an. Über ihre Version des Jerusalemer Apostelkonzils können wir nur spekulieren, denn es waren Paulus' Nachfolger, die das Neue Testament verfaßten und so das spätere Christentum prägten. Geschichte wird von den Siegern geschrieben – in einer Perspektive, die ihre Interpretation der Ereignisse rechtfertigt.

Was immer sich bei dem Konzil in Jerusalem abgespielt haben mag, der Bericht in der Apostelgeschichte wirft ein Schlaglicht auf die Ursachen, die Juden und Christen entzweiten. Offensichtlich war man sich uneinig darüber, ob gewisse Gesetze der Thora noch immer galten. Nicht nur ein Streit über die Glaubenslehre war entbrannt, es drohte vielmehr auch eine gesellschaftliche Spaltung. Eine Nation oder Religionsgemeinschaft definiert ihre Identität über Gesetze, Bräuche und Rituale. Mögen kleinere Meinungsverschiedenheiten oder individuelle Irrtümer sich manchmal eindämmen lassen, den kollektiven Bruch mit den tradierten Gesetzen wird man als Identitätsverlust wahrnehmen. Der Plan des Paulus, die Heiden in die Gemeinschaft der Gläubigen zu integrieren – den »Zweig vom wilden Ölbaum in den edlen Ölbaum« einzupfropfen und ihn an der »Kraft seiner Wurzel« teilhaben zu lassen, wie er sich (Röm. 11,17) ausdrückt – erwies sich als unvereinbar mit dem jüdischen Selbstverständnis als Volk oder Gemeinschaft. Statt »Juden und Heiden« zu vereinen, schuf dieser Plan zwei feindliche Gruppen, von denen jede behauptete, das »wahre Israel« zu repräsentieren.

Aus der Apostelgeschichte geht auch hervor, daß sich die Anhänger Jesu um das Jahr 50 als eine besondere Gruppe konstituiert hatten, die mit der jüdischen religiösen Führung in Jerusalem im Streit lag. Andere ›oppositionelle‹ Gruppen – etwa die Sekten vom Toten Meer – stritten sich ebenfalls mit der Jerusalemer Führung, ohne sich als neue Religionen von ihr abzuspalten. Warum war es in diesem Fall anders?

Der Anspruch der christlichen Sekte, daß es sich bei Jesus um den verheißenen Messias handele, reicht für sich genommen nicht aus, die Spaltung zu erklären; gleiches reklamierten auch andere Sekten für sich ohne solch weitreichende Folgen. Ungewöhnlich war indessen, daß eine Gruppe jemanden zum Messias erkor, der bekanntermaßen tot war. Und paradox mußte die Behauptung klingen, daß der Messias just zu der Zeit gekommen war, als das Joch der römischen Fremdherrschaft schwerer denn je auf dem jüdischen Volk lastete und die verheißene Ära des Friedens nicht in Sicht war.

Es war nicht eine einzelne Ursache, sondern eine außergewöhnliche Kombination von dogmatischen Differenzen, gesellschaftlichen Faktoren und äußeren Ereignissen, die den weiteren Weg des Christentums als eine vom jüdischen Glauben verschiedene, wenn auch eng mit ihm verwandte Religion bestimmte. Als die Römer im Jahr 70 den Tempel in Jerusalem zerstörten, vertiefte sich die Spaltung. Die Christen nahmen dieses Ereignis als Beleg dafür, daß Gott die Juden verworfen habe, und sahen ihre eigenen Auffassungen bestätigt. Anders die Juden: sie interpretierten es als gerechte Bestrafung für ihre Sünden, nicht als Verwerfung durch Gott. Es war für sie, als hätte ein Vater seine Kinder gezüchtigt. Auch auf einer mehr profanen Ebene gab es ein starkes materielles Motiv, Distanz zum Judentum und Loyalität zu Rom zu demonstrieren, als nach der Plünderung Jerusalems Kaiser Vespasian eine spezielle Steuer von allen Juden – den *fiscus Judaicus* – erhob.

Nach dem Jahr 70 gab es sicher kein Zurück mehr. Als Christen und Juden sich in Feindschaft voneinander abgrenzten, verhärteten sich auf beiden Seiten die Lehrmeinungen. Hinzu kam, daß die Christen die »Lehre der Verachtung« in Hinblick auf Juden entwickelten, welche soviel Elend und Blutvergießen über das jüdische Volk bringen sollte, bis sie schließlich, losgelöst von ihrem christlichen Kontext, im Holocaust ihren Höhepunkt erreichte.

Wie begriffen sich beide Religionen früher?

Nach dem Jahr 70 setzten Juden und Christen ihr großes Werk der Definition des eigenen Selbstverständnisses fort. Was glaubten sie über diese und die nächste Welt? Welche Gestalt sollten ihre Gemeinschaften haben? Welche Gebetsformen, welche besonderen Tage und welche Zeremonien sollten sie einführen?

Da Jesus Christus für sie so zentral war, verwandten die Christen große Mühe darauf, ihren *Glauben* zu definieren. Obgleich der Begriff der Trinität (Dreifaltigkeit) ständig umstritten war, wurden jene, die die herrschende Lehre anfochten, oft als Ketzer verleumdet und verfolgt. Besonders in Verruf als »Feinde Christi« kamen die Juden, da sie die christlichen Ansichten über Jesus explizit zurückwiesen. Der jüdische Glaube wurde als veraltete und diskreditierte Religion gegeißelt. Die christlichen Kirchenväter, wiewohl Liebe predigend, drückten offen ihren Haß auf die Juden und deren Glauben aus. So erhielt der gelegentlich bei antiken heidnischen Autoren anzutreffende Antisemitismus noch eine kosmische Dimension: die Juden hatten »Christus getötet«.

Die Rabbinen beschäftigten sich weniger mit der präzisen Definition des korrekten Glaubens. Da für sie der Glaube an Gott, seine Offenbarung durch die Thora und seine »Erwählung« Israels axiomatischen Charakter hatten, definierten sie den jüdischen Glauben als *mizwot*: die göttlichen Gebote. Diese reichten von »Du sollst deinen Nächsten lieben wie dich selbst« (3. Mose 19,18) und »Du sollst den Herrn, deinen Gott, lieben« (5. Mose 6,5) bis zu den kleinsten Details des religiösen Rituals.

Die jüdischen Quellen äußern sich nur spärlich über das Christentum. Im großen und ganzen verhielten sich die Rabbinen meist so, als ob das Christentum nicht existierte, und fuhren einfach mit der Thora-Exegese fort. Man muß zwischen den Zeilen ihrer Schriften lesen, um zu entdecken, ob sie überhaupt auf christliche Thesen reagierten. (Siehe Kasten S. 38).

Niemand weiß genau, inwieweit jüdische und christliche Lehrer in den ersten Jahrhunderten relevante direkte Kontakte pflegten oder einer die Schriften des anderen aus erster Hand kannte. Justinus der Märtyrer, der von etwa 140 bis 170 als Christ in Rom lebte, verfaßte einen *Dialog mit Trypho*, angeblich die Aufzeichnung eines Disputs mit einem jüdischen Weisen. Doch trotz der Bemühungen der Gelehrten ist es schwierig, Tryphos Ansichten mit denen bekannter jüdischer Quellen zu identifizieren.

Durch eine gemeinsame Heilige Schrift getrennt

Der Kirchenvater Origenes, der 254 starb, lebte in Caesarea in Palästina; einer seiner jüdischen Zeitgenossen war Jochanan von Tiberias. Beide kommentierten das biblische Hohelied Salomonis; beide interpretierten es als Allegorie. Für Origenes steht es für Gott (oder Christus) und seine »Braut«, die Kirche; für Jochanan ist es eine Allegorie der Liebe zwischen Gott und seinem Volk Israel.

Reuben Kimelman, ein amerikanischer Forscher, hat ihre Kommentare analysiert und durchgehend fünf Abweichungen gefunden, entsprechend den fünf Hauptdifferenzen, die Christen und Juden trennten:

1. Origenes spricht von einem Bund, den Moses zwischen Gott und Israel *vermittelte*, einem *indirekten* Kontakt also zwischen den beiden Entitäten im Gegensatz zur *unmittelbaren* Gegenwart Christi. Jochanan dagegen sagt, daß Moses den Bund mit Gott *aushandelte*, Israel ihn also *unmittelbar* von Gott – wie »Küsse seines Mundes« (Hld. 1,2) – empfing. Jochanan betont das enge Verhältnis und die Liebe zwischen Gott und Israel, während Origenes sie in Distanz zueinander rückt.
2. Für Origenes wurde die Hebräische Schrift durch das Neue Testament »abgeschlossen« oder »abgelöst«. Für Jochanan wird sie durch die »mündliche Thora«, die rabbinische Interpretationstradition, »abgeschlossen«.
3. Für Origenes ist Christus die zentrale Figur, die Abraham ersetzt und Adams Sünde vollends aufhebt. Für Jochanan ändert sich nichts an Abrahams Stellung, und die Thora ist das Gegenmittel gegen die Sünde.
4. Für Origenes ist Jerusalem ein Symbol, eine »himmlische Stadt«. Für Jochanan behält das irdische Jerusalem seinen Status als Bindeglied zwischen Himmel und Erde, als der Ort, wo Gottes Präsenz wieder offenbar werden wird.
5. Origenes sieht in den Leiden Israels den Beweis dafür, daß Gott es verworfen hat. Jochanan akzeptiert die Leiden als die liebevolle Züchtigung und Disziplinierung eines verzeihenden Vaters.

Zwei Standbilder im Straßburger Münster (13. Jahrhundert), die die triumphierende christliche Kirche und die überwundene jüdische Synagoge verkörpern sollen

Es muß Kontakte, etwa in Caesarea in Palästina im 3. Jahrhundert, gegeben haben, wo es sowohl eine jüdische wie eine christliche Gemeinde gab (siehe Kasten S. 38), oder in Antiochia in Syrien, wo im folgenden Jahrhundert der heilige Johannes Chrysostomos seine antijüdischen Diatriben predigte – vielleicht weil er fürchtete, daß die Christen sich zur Synagoge hingezogen fühlten. Und natürlich gab es Individuen, die in die eine oder andere Richtung »die Seiten wechselten«, und Frauen, die Ideen weitergaben, deren Beitrag aber nicht überliefert ist.

Es wäre unfair, das frühe Christentum und die jüdische Religion danach zu beurteilen, wie sie miteinander umgingen, denn für beide Religionen hatte das Verhältnis zur anderen keinen hohen Stellenwert. Dennoch belastet uns noch immer das Erbe des Mißtrauens und der gegenseitigen Animositäten. Erst in jüngster Zeit haben die Christen begonnen, mit dieser dunklen Seite ihres Glaubens und dem Elend und Leid, das daraus erwuchs, ins reine zu kommen. Wiewohl die Grundlagen schon früher gelegt wurden, hat – vor allem seit dem Holocaust – der christlich-jüdische Dialog neue Wege der Versöhnung eröffnet und zur Revision traditioneller christlicher Haltungen, aber auch der christlichen Theologie gegenüber den Juden und dem jüdischen Glauben geführt.

3
Wie entwickelte sich das Judentum weiter?

Am 24. Juni 1985 gab die »Vatikanische Kommission für die religiösen Beziehungen zu den Juden« ein Dokument mit dem wenig einprägsamen Titel »Bemerkungen zur korrekten Darstellung der Juden und des jüdischen Glaubens in Predigt und Katechese in der römisch-katholischen Kirche« heraus. Darin stehen die denkwürdigen Worte: »Erinnern wir uns, daß die lange Geschichte Israels von einer ununterbrochenen geistigen Produktivität – in der rabbinischen Periode, im Mittelalter und in der Neuzeit – begleitet ist, die ihren Ursprung in einem Erbteil hat, das wir lange gemeinsam teilten.« Weiter heißt es, Papst Johannes Paul II. habe erklärt, daß »der Glaube und das religiöse Leben des jüdischen Volkes, so wie sie heute noch immer verkündet und praktiziert werden, unser Verständnis gewisser Aspekte der Kirche erheblich vertiefen können.«

Nach neunzehn Jahrhunderten durfte die Wahrheit endlich ans Licht kommen. Nicht nur die Kirche hatte sie unterdrückt. Allzu oft ist die »ununterbrochene geistige Produktivität« von jüdischen Historikern verdunkelt worden, die in einem Maße die Leiden und Martyrien des jüdischen Volkes ausbreiteten, daß die Chronik der Verfolgungen die andere Seite der Geschichte: die spirituelle und geistige Kreativität der Juden »in der rabbinischen Periode, im Mittelalter und in der Neuzeit« zu überschatten drohte.

Es ist ungewöhnlich, daß ein geschundenes, verfolgtes und vertriebenes Volk, häufig zudem der normalen Mittel des Lebensunterhalts beraubt und vom Zugang zu den großen Quellen der Gelehrsamkeit ausgeschlossen, eine Kultur von so hoher Vitalität hervorbrachte. Die zehn folgenden Skizzen illustrieren jeweils einen religiösen, geistigen oder sozialen Wert im jüdischen Leben. Wir hätten andere Personen auswählen können – Gamaliel II. etwa, den Schöpfer der Liturgie, oder den großen Philosophen, Richter und Arzt Moses Maimonides oder den grandiosen jüdisch-spanischen Dichter Jehuda Halevi aus dem 12. Jahrhundert oder Glücke von Hameln, deren jiddisches Tagebuch die intimen seelischen Sorgen und Ängste einer Mutter im 17. Jahrhundert offenbart. Oder hundert andere. Jede Auswahl wäre willkürlich.

Jehuda ha-Nasi – Gelehrter, Heiliger, Führer

Wenn irgend jemand das rabbinische Judentum zur Zeit seiner Entstehung personifiziert, so ist es Jehuda mit dem Beinamen »der Fürst«, der Patriarch des Judentums um das Jahr 200. Sein Ansehen bei seinen Schülern war so groß, daß sie ihn schlicht »Rabbi« (»Lehrer«) oder »unser heiliger Rabbi« nannten, ohne irgendeinen weiteren Beinamen. Heiligkeit, Demut und Furcht vor der Sünde sind die Tugenden, die man ihm zuschrieb. »Beim Tod des Rabbi verschwanden Demut und die Furcht vor der Sünde«, klagte sein Schüler Chijja.

Jehuda war kein weltfremder Heiliger, sondern ein überragender religiöser und politischer Führer. Er verbrachte die meiste Zeit seines Lebens in Galiläa und gründete dort Akademien in Bet Schearim und Sepphoris. Wer heute Israel besucht, kann in diesen Städten noch die Relikte der Synagogen mit ihren teilweise erhaltenen Mosaiken und die angeblichen Gräber des Rabbi und seiner Kollegen besichtigen.

Die Jahrzehnte vor Jehudas Geburt waren für Judäa katastrophal gewesen. Im Jahr 70 hatten die Römer den Ersten Jüdischen Aufstand niedergeschlagen und den Tempel in Jerusalem zerstört; und 135, etwa in Jehudas Geburtsjahr, hatte Kaiser Hadrian den Zweiten Aufstand (»Bar-Kochba«) mit riesigem Blutzoll und anschließenden Verfolgungen niedergeschlagen.

Um die Zeit jedoch, als Jehuda unter der Herrschaft des antoninischen Kaisers Mark Aurel zum Patriarchen von Judäa aufstieg, hatten sich die Beziehungen zu Rom entspannt. Ein Mann des Friedens und offensichtlich ein Kenner der römischen Kultur, tat Jehuda alles in seiner Macht Stehende, um die Beziehungen zur Besatzungsmacht zu festigen. Viele Anekdoten des Talmuds erzählen von den herzlichen Beziehungen zwischen dem »Rabbi und Antoninus«; vielleicht gibt es eine historische Basis für solche Begegnungen in den Palästinabesuchen der Kaiser Mark Aurel 175 und Septimius Severus 200.

In der Tat deuten die legendären »Gespräche des Rabbi mit Antoninus« darauf hin, daß mehr als nur eine oberflächliche Beziehung bestand. Die stoische Philosophie, der sich Mark Aurel verschrieben hatte, prägte sowohl die jüdische wie auch die christliche Ethik. Im übrigen ist es sicher kein Zufall, daß die große Unternehmung des Rabbi, eine umfassende Kodifizierung der jüdischen Rechtsnormen, zu einer Zeit begonnen wurde, als Gaius und Ulpian den Grund zur Systematisierung des Römischen Rechts legten.

Man bezeichnet den unter der Leitung des Rabbi geschaffenen Kodex als die Mischna (»Lehre«, »Wiederholung«). Sie ergänzt die Thora als maßgebendes Dokument des rabbinischen Judentums. Ihre sechs Bände, die früheste systematische Formulierung jüdischer Religion, sind weit mehr als nur ein Gesetzbuch. Sie umfassen sowohl Tugenden wie Gesetze, ethische Prinzipien wie Vorschriften, und behandeln Liturgie und rituelle Reinheit ebenso wie Zivil- und Strafrecht und Personenstand. Schon bald wurde die Mischna als verbindlich akzeptiert und bildete die Grundlage für den Talmud. (Siehe Kasten S. 44).

Vom Leben des Rabbi erzählte man sich zahllose Geschichten. Eine der bekanntesten berichtet von seinem Mitgefühl für die Tiere. Ein Kalb sollte geschlachtet werden. Es rannte zum Rabbi, schmiegte den Kopf an sein Gewand und wimmerte. »Geh!« rief er, »dafür bist du doch geschaffen worden!« Da er kein Erbarmen mit ihm hatte, bestimmte der Himmel ihm Leiden. Eines Tages war die Haushälterin des Rabbi gerade beim Fegen. Sie stieß auf ein paar junge Wiesel und warf sie zum Haus hinaus. »Laß sie in Ruhe!« mahnte er, »steht nicht geschrieben: ›Er erbarmt sich all seiner Geschöpfe‹?« (Ps. 145,9) Der Himmel hat bestimmt: »Da Gott barmherzig ist, sollen wir ihm Barmherzigkeit erzeigen«.

Die sechs »Ordnungen« der Mischna

1. Saaten	Benediktionen und Gebete Landwirtschaftliche Vorschriften wie die Zehnten und das Sabbatjahr
2. Festzeiten	Sabbat und Festtage
3. Frauen	Ehe und Scheidung; Gelübde
4. Schädigungen	Zivilrecht Zusammensetzung der Gerichte Juristische Verfahren Ethik der Väter
5. Heilige Objekte	Tempelopfer Erlaubte und verbotene Speisen
6. Reinheitsgebote	Reinigung durch Waschen und Baden Grade der rituellen Reinheit Als »unrein« definierte Dinge

Stamaim – die Vergessenen

(Die Betonung liegt auf *im*, der Pluralendung hebräischer Maskulina.) »Stamaim« ist nicht der Name irgendeines Heiligen, um den sich eine Geschichte oder Legende rankt. Es ist überhaupt kein Name; es bedeutet »die anonymen, namenlosen Menschen«. Die Forschung verwendet den Ausdruck heute zur Bezeichnung einer Gruppe von Männern –

wir wissen zwar nicht, wer sie waren, doch sind wir uns ziemlich sicher, daß keine Frauen darunter waren –, die um das 6. Jahrhundert in Babylonien lebten und den Text des Talmuds redigierten.

Talmud = Mischna + Gemara

Es gibt zwei Talmudim:

- den Talmud des Landes Israel (auch als der Palästinensische Talmud oder Jeruschalmi, d. h. Talmud von Jerusalem, bezeichnet), der um 450 n. d. Z. redigiert wurde.
- den Babylonischen Talmud, redigiert um 550 n. d. Z. Er ist umfangreicher als der Jeruschalmi und gilt als autoritativer.

Doch wir greifen vor. Vor den Stamaim kamen drei andere Gruppen, alle auf »im« endend (Betonung jeweils auf der letzten Silbe), deren Namen wir kennen. *Tannaim* hießen die Rabbinen, die in der Mischna – bis hin zu dem Patriarchen Jehuda selbst – erwähnt sind, und ihre Zeitgenossen. Dann kamen die *Amoraim*, die ihre Ansichten diskutierten, evidente Widersprüche beseitigten, Konfliktfälle entschieden, das Gesetz erweiterten und es auf neue Situationen anwandten. Auf sie folgten die *Seboraim*, die viele »Warum«- und »Was ist die zugrunde liegende Vorstellung«-Fragen hinsichtlich der Ansichten ihrer Vorgänger stellten – Fragen also, die ihre Ansichten eher verstehen als in Zweifel ziehen sollten, da ihr Respekt vor den früheren Rabbinen so groß war, daß sie deren Urteil nicht zu widersprechen wagten. Die Diskussionen der Amoraim und Seboraim, später auch als *Gemara* (›Lehre‹, ›Ergänzung‹) bezeichnet, wurden gesammelt, gesichtet und redigiert im Talmud, einem umfangreichen aramäischen Text, der schließlich die Form eines Kommentars zur Mischna annahm.

Als »Talmud« werden oft die Mischna und die Gemara

zusammenfassend bezeichnet. Der Talmud ist in der Tat der Kern der jüdischen Religion. Nach der Bibel ist er das Buch, das von den Juden am meisten studiert wird, ja, die Bibel selbst wird im Licht des Talmuds ausgelegt. Doch bei all seiner Bedeutung und trotz der Tatsache, daß er viele Hunderte Namen (von Tannaim, Amoraim und Seboraim) enthält, wissen wir nicht, wer ihn kompiliert und redigiert hat. Diese ›Redakteure‹ erzählten Anekdoten, trafen Entscheidungen, wußten, wie man verwickelte juristische Argumente in dramatische literarische Strukturen einkleidet, um die Spannung des Lesers wachzuhalten. Sie sammelten fesselnde Geschichten und Beobachtungen, die zu tiefen moralischen und spirituellen Einsichten vordringen, obschon sie gelegentlich die Vorurteile ihrer Zeit widerspiegeln. Doch sie hinterließen ihre Namen nicht auf einem einzigen Dokument. Vermutlich glaubten sie, sie würden lediglich die Worte der großen Meister früherer Generationen paraphrasieren, und wären von der Vorstellung schockiert gewesen, selbst etwas Originelles beigesteuert zu haben.

Jede Generation hat ihre Stamaim, anonyme Gelehrte und bescheidene Praktiker, die den »unordentlichen« Inspirationen der Weisen und Berühmten, die vor ihnen kamen, Gestalt geben und sie anwenden.

Kahina Dahiya bint Thabbita ibn Tifan – Kriegerin

Lange vor der kometenhaften Ausbreitung des Islam außerhalb der arabischen Halbinsel bis zum Ende des 7. Jahrhunderts waren einige der Volksstämme Nordafrikas zum Juden- oder Christentum konvertiert. Manche nahmen den Islam sicher freiwillig an; doch andere widersetzten sich den Armeen der arabischen Invasoren und ihrer neuen Religion.

Im Südwesten des heutigen Algeriens lebte damals ein mächtiger Berberstamm, die Jerawa, der sich zum Judentum bekannte. Unter ihrer Anführerin Kahina besiegten die Jerawa die arabische Armee des Hasan ibn Nu'man, stoppten die Eroberung Afrikas durch die Araber und verhinderten ihr weiteres Vordringen nach Spanien. Doch Kahina wurde verraten und fiel in der Schlacht um 700 n. d. Z.

Wie die Religionsausübung dieser furchteinflößenden Berberfürstin ausgesehen haben mag und ob sie tatsächlich Jüdin war, läßt sich nicht mit Sicherheit sagen. Doch ihre Biographie, die mit Ausschmückungen von mehreren arabischen Chronisten erzählt wird, wirft eines der großen »Was wäre, wenn« der Geschichte auf. Was wäre geschehen, wenn sie ihren Sieg über Hasan ausgebaut hätte – und entweder durch Nordafrika nach Arabien oder nordwärts nach Spanien marschiert wäre? Wären Europa und der Vordere Orient trotzdem in zwei rivalisierende christliche und muslimische Reiche zerfallen – oder hätte unsere Geschichte einen völlig anderen Verlauf genommen?

Wir wissen es nicht. Die historische Realität jedenfalls, die mit durch Kahinas Niederlage geschaffen wurde, sah zwei ständig kriegführende »Großmächte«, und die Juden waren auf ihrem gesamten Territorium zur Unterwürfigkeit gezwungen.

Saadja Gaon (882–942) – Philosoph

Im Jahr 635 zerstörten aufständische arabische Stämme das – im heutigen Irak gelegene – Sassaniden-Reich und brachten die neue Religion des Islam mit. Der Babylonische Talmud war damals bereits abgeschlossen, und an den großen Akademien von Sura und Pumbeditha am Euphrat widmete man sich seinem Studium. Jede dieser beiden rivalisierenden Akademien – das Oxford und Cambridge des jüdischen Babyloniens – wurde von einem Rabbi geleitet, der den Titel »Gaon« (›der Erlauchte‹) trug. Zu seinen Verpflichtungen gehörten sowohl die Rechtspflege wie die religiöse Aufsicht und Unterweisung. Der weltliche Führer dieser autonomen

Gemeinschaft war der *Rosch Galuta* (›Haupt des Exils‹), der seine Abstammung von König David ableitete. Er regelte die Beziehungen zwischen den Juden und dem Kalifat.

Zumindest periodisch erlebte das Judentum unter den abbasidischen Kalifen von Bagdad (750–1258) eine Blüte. Aus allen Teilen der jüdischen Welt, von der Provence bis Jemen, wurden die »Geonim« (man beachte wiederum die Pluralendung hebräischer Maskulina »im«) angerufen, um Fragen zu beantworten. Häufig hat man ihre Antworten kopiert und aufgehoben. Nach jüdischem Brauch ist derlei Korrespondenz schließlich in einer »Genisa« (Betonung auf der letzten Silbe), einem Ort für heilige Schriften, verwahrt worden. Große Teile der Kairoer Genisa wurden vor rund einem Jahrhundert in die Universitätsbibliothek von Cambridge in England gebracht. Man sollte nicht versäumen, sich dort eine Ausstellung anzusehen oder einen Vortrag über diese außergewöhnliche Sammlung anzuhören.

Saadja ben Josef wurde im Dorf Dilas in Fajjum (weshalb er auch den Beinamen »al-Fajjumi« trägt) in Oberägypten geboren. Er verließ Ägypten um 905 und wanderte mehrere Jahre lang zwischen Palästina, Aleppo und Bagdad hin und her. 928 wurde er trotz seiner fremden Herkunft zum Gaon der Akademie von Sura berufen. Er genoß hohes Ansehen als Philosoph, Wissenschaftler, Talmudist, Autor, Kommentator, Grammatiker, Übersetzer, Erzieher und religiöser Führer, war aber auf eigentlich all diesen Gebieten nicht unumstritten.

Saadja schrieb *Das Buch der Doktrinen und Religionen*, seinen großen philosophischen Klassiker, in den Jahren, als David ben Zaccai, das »Haupt des Exils«, ihn vom Amt suspendierte und unter Arrest setzte. Saadja hatte sich geweigert, auf Befehl Zaccais ein Dokument, das er für ungerecht hielt, zu unterschreiben. Ein versierter Kenner der islamischen Theologie (des *Kalam*) und der aristotelischen Philosophie (der *Falasifa*), insistierte Saadja auf dem Primat der Vernunft, in den er auch die moralische Erkenntnis einbezog. Vernunftgemäß sind für ihn Gottes Wege und seine Offenbarung, nicht weil Gott *festsetzt*, was vernünftig und gerecht ist, sondern weil Gott in völliger Freiheit gemäß absoluten Normen der Vernunft und Gerechtigkeit handelt und sich offenbart. Anders gesagt, Gott tut, was vernünftig oder gerecht ist, weil es a priori vernünftig oder gerecht ist; sein Tun ist nicht, *weil* er, Gott, es tut, vernünftig oder gerecht.

Saadjas Erkenntnislehre fußt auf seiner Betonung des Primats der Vernunft. All unser Wissen stammt aus der Sinneserfahrung, aus logischen Schlüssen aus der Sinneserfahrung oder einem angeborenen moralischen Sinn, der selbst eine Form der »Rationalität« darstellt. Woher wissen wir etwa, daß einer, der von sich behauptet, Gott habe ihn gesandt, uns zum Stehlen oder Huren anzuhalten oder die Thora für obsolet zu erklären, und noch dazu sein behauptetes Prophetentum durch scheinbare Wunder untermauert, nicht glaubwürdig ist? Weil die Vernunft uns befiehlt, daß wir moralisch handeln und die Wahrheit der Lüge vorziehen sollen.

Die Thora selbst ist vollkommen vernunftgemäß. Saadja teilt die Gebote in »Vernunftgebote« und »Gehorsamsgebote« ein – in solche, die durch Vernunft erkennbar, und solche, die uns primär offenbart worden sind. Selbst wenn nicht alle Gebote einsichtig begründbar sind, können wir über die Gründe für die dunkleren doch mehr als nur spekulieren. Wenn aber die Thora vollkommen vernunftgemäß ist, warum hat dann Gott Boten (Propheten) gesandt, um sie uns zu übermitteln? Die Offenbarung war ein besonderer Gnadenakt Gottes, so daß die Thora allen einsichtig und zugänglich ist, auch jenen, denen es an philosophischem Talent oder Zeit mangelt, um sie für sich selbst zu entdecken.

Saadja kannte die Schriften anderer Sekten und Religionen. Seine Widerlegungen sowohl der Karäer (einer jüdischen Sekte, welche die rabbinische Tradition verwarf) wie des Islam, des Christentums und ›dualistischer‹ Religionen beruhen auf genauer Kenntnis und rationalen Argumenten.

Obgleich er das hebräische Gebetbuch redigierte und einige hebräische Liturgiedichtungen verfaßte, schrieb er meist auf Arabisch. Ein hervorragender Schriftgelehrter, verfaßte er zahlreiche Bibelkommentare; von ihm stammt auch eine arabische Übersetzung der Hebräischen Schrift, die bis heute in Gebrauch ist.

Raschi (1040–1105) – Kommentator

In Worms, an den Ufern des Rheins, kann man Raschis Synagoge (wiederaufgebaut nach der Zerstörung durch die Nazis) besuchen, seinen Stuhl sehen und ein ganzes Museum, das ihm gewidmet ist, erkunden. Seine gütige, väterliche Gegenwart läßt sich dort bald erspüren. Es ist ein Generationen von Juden vertrautes Gefühl, die seither durch seine Kommentare in die Bibel und den Talmud eingeführt werden. Er ist *der* Kommentator par excellence. Seine Gabe, Fragen des Lesers vorwegzunehmen und kurze, klare Erklärungen zu geben, machen seine beinahe räumliche Präsenz spürbar. Er erläutert den Text und bewahrt seine Schüler mit fester, aber sanfter Hand vor Irrtümern.

Was steckt in einem Namen?

Im Hebräischen werden viele berühmte Personen nicht mit ihrem wahren Namen, sondern mit den Anfangsbuchstaben ihres Titels und Namens bezeichnet.

So heißt Rabbi Schlomo Izchaki (Salomo, Sohn des Isaak) Raschi, Rabbi Moses ben Maimon (Maimonides) Rambam.

Die meisten jüdischen Kinder lernen ihn – und die Bibel und die hebräische Sprache – durch seine seit jeher populären Kommentare zu den fünf Büchern Mose kennen. Was sie so anziehend macht, ist vielleicht Raschis unnachahmlicher Stil, in dem er die – aus dem Talmud und Midrasch genommenen – Homilien, Legenden und Erläuterungen der Gebote präsentiert. Für die Forschung freilich ist Raschi ein Meister der Bibelsprache, der auf der Arbeit von Generationen von Grammatikern und Lexikographen aufbaut, welche wiederum bereits vor ihm klar unterschieden, was die Bibel wirklich sagt (*Peschat*, der Wortsinn) und was in sie hineingelesen wird (*Derasch*, Homiletik). Teilweise rührt die angenehm-vertrauliche Atmosphäre – als sei, wenn man Raschi liest, ein wahrer Lehrer gegenwärtig – von der Art her, wie er schwierige Begriffe ins Altfranzösische übersetzt, so daß man fast glaubt, ihn zu den Anwesenden reden zu hören.

Sein »Kommentar zum Pentateuch« war das erste mit Jahresangabe gedruckte hebräische Buch (Reggio 1475). Er hat selbst wiederum mehr als 200 Superkommentare provoziert und wurde oft ins Lateinische übersetzt. Raschis Bibelkommentare hatten großen Einfluß auf Nicholas de Lyra und durch diesen auch auf Luther und andere christliche Hebraisten und die Reformation.

Vielleicht hat Raschi in Worms studiert, doch seine Heimat war Troyes, die Hauptstadt der Champagne im heutigen Nordosten Frankreichs. Er hat nicht von seinem Rabbinat gelebt, sondern Wein angebaut; wäre er auf die Idee gekommen, seinen Wein mit Luftbläschen zu versetzen, wäre er der erste Produzent des echten Champagners geworden!

Von seinem Leben haben wir nur spärliche Nachricht. Er hatte drei Töchter; zwei von ihnen, Miriam und Joschewed, heirateten seine Schüler; der Name der dritten ist nicht überliefert. Um 1070 gründete er eine Schule, die viele Schüler anlockte; sie wurde im Lauf der Zeit unter der Leitung seiner Schwiegersöhne und Enkel die führende aschkenasische Thora-Akademie.

Seine letzten Lebensjahre waren durch den Ersten Kreuzzug (1095/96), der ihm Freunde und Verwandte raubte, in

Trauer gehüllt. Die »Selihot« (Bußdichtungen), die er damals schrieb, sind von einem Geist der Trauer und der zarten Gottesliebe erfüllt; einige davon sind in die Liturgie aufgenommen.

Legenden – über seine Abstammung von König David, seine ausgedehnten Reisen oder seine Begegnung mit Maimonides (der erst 1138 geboren wurde!) – entschädigen uns für den Mangel an verifizierbaren Fakten. Nach einer Legende warf sein Vater einen kostbaren Edelstein ins Meer, den die Christen als Schmuck für eine religiöse Statue begehrten, worauf eine geheimnisvolle Stimme verkündete, sein Sohn werde ein Gelehrter werden. Eine andere berichtet, seine Mutter sei, als sie mit ihm schwanger war, in einer engen Gasse in Worms bedroht worden, worauf sich wie durch ein Wunder in der Mauer eine (noch heute den Touristen gezeigte) Nische auftat, in der sie Schutz fand. Wieder eine andere erzählt, er habe Godfrey de Bouillon prophezeit, dieser werde in den Kreuzzug ziehen, drei Tage über Jerusalem herrschen, danach besiegt werden und mit drei Pferden zurückkehren.

Abraham ibn Ezra (1089–1164) – Dichter

In Toledo geboren, erlangte ibn Ezra hohes Ansehen als Dichter, Grammatiker, Arzt, Philosoph, Astrologe und Bibelkommentator. Er war ein kritischer Geist. So ließ er durchblicken, es gebe wohl gewisse Zweifel, daß Moses der Verfasser des Pentateuchs sei. Sechs Jahrhunderte später griff Spinoza diese Andeutung auf, die den Anstoß zur modernen Bibelkritik gab. Wiewohl ein überzeugter Astrologe, gehörte ibn Ezra zu den wenigen in seiner Zeit, die den Dämonenglauben verwarfen.

Ibn Ezra verließ 1140 Spanien, reiste durch Italien, Nordafrika und den Vorderen Orient nach Westeuropa und hielt sich später in Frankreich und England auf. In London schrieb er sein philosophisches Hauptwerk *Grundlagen der Gottesfurcht*, worin er seine neuplatonische Philosophie entfaltet, die auch in seinen Bibelkommentaren eine große Rolle spielt. Ihr prägnanter und angriffslustiger Stil machte sie lange Zeit beliebt, und nur Raschis Kommentare hatten auf die Hebraisten der Renaissance einen noch größeren Einfluß.

Wohl gewann ibn Ezra die Freundschaft und Hochachtung der Gelehrten, doch blickte er mit Wehmut auf sein privates Leben – sei es wegen seiner ›Verbannung‹ aus Spanien, sei es wegen des Verlusts von vier seiner Kinder und der zeitweiligen Konversion des überlebenden Sohnes zum Islam. Voll sarkastischem Humor klagt er in einem epigrammatischen Gedicht:

»Himmel und Fixsterne irrten in ihren Bahnen,
Als ich geboren ward.
Wären Kerzen mein Geschäft,
Ginge die Sonne nicht unter, eh ich sterbe ...
Wenn ich mit Totenhemden handelte,
Stürbe niemand, solang ich lebe.«

Abraham Abulafia (1240–um 1300?) – ekstatischer Mystiker

Kurz vor dem jüdischen Neujahrstag des Jahres 1280 machte sich Abraham Abulafia, einer »Stimme« gehorchend, auf den Weg nach Rom, um Papst Nikolaus III. zu bekehren. Die mittelalterlichen Päpste waren eine intolerante Sippe, und Papst Nikolaus gab Befehl, ihn auf dem Scheiterhaufen zu verbrennen. Abulafia entkam, offenbar unbehelligt, nach Suriano, wo er am 22. August die Nachricht erhielt, der Papst sei in der vorigen Nacht an einem Schlaganfall gestorben. Nach Rom zurückgekehrt, wurde er einen Monat lang inhaftiert, danach aber freigelassen.

Was für ein Jude mochte im 13. Jahrhundert auf die Idee kommen, der Papst sei ›Freiwild‹ für eine Bekehrung? Vielleicht nur einer, der sich selbst für einen Propheten hielt. Geboren im spanischen Saragossa, führte Abulafia ein ruheloses, manche würden sagen: wildes Leben. Mit 18 Jahren reiste er nach Akko (Palästina), in der Hoffnung, dort den legendären Fluß Sambatyon zu finden, der unter der Woche wie ein reißender Strom dahintost, am Sabbat aber ruht (er fand ihn nicht, und auch niemand sonst seither). Er widmete sich danach intensiven Studien, zuerst der Philosophie des Maimonides (zu rational), dann der esoterischen Kabbala, die mehr nach seinem Geschmack war. Als er Anfang Dreißig war, kehrte er nach Spanien zurück, hatte Visionen, vertiefte sich in seine mystischen Forschungen und Spekulationen und behauptete schließlich, Kenntnis der Gottesnamen plus Riten und asketische Praktiken seien der Schlüssel zu einer prophetischen Existenz. Nachdem er Spanien erneut verlassen hatte, schrieb er 1279 in Patras (Griechenland) sein erstes prophetisches Buch. Er bezeichnete seine Methode als »prophetische Kabbala« und tadelte die »gemeine Kabbala« der zehn Sefirot (göttliche Emanationen) als niedrigere, eher spekulative denn wirkungsmächtige Vorstufe des Wissens.

Es überrascht nicht, daß er überall, wo er auftrat, für Unruhe sorgte. In Sizilien gab er sich als Prophet und Messias aus, wie wir einem Brandbrief des Rabbi Salomo ben Adret von Barcelona an das Volk von Palermo entnehmen. Die Polemiken des ben Adret und anderer brachten die ekstatische Kabbala, wie sie Abulafia lehrte, nach 1280 aus Spanien zum Verschwinden; dank ihrer Affinität zur Sufi-Mystik fand sie Aufnahme in islamischen Ländern. Abulafia war nahezu vergessen, und erst heute ist die Forschung dabei, seine Philosophie aus unveröffentlichten, über die Bibliotheken Europas verstreuten Manuskripten zu rekonstruieren.

Die heutigen Leser mögen ihn mehr als seine Zeitgenossen oder unmittelbaren Nachfolger – vielleicht weil sie nicht mit seinen Exzessen konfrontiert sind. »Ihm schwebte das Ideal eines einheitlichen Glaubens vor, dessen Verwirklichung er anstrebte.« Abulafia wandte sich an das aufgeklärte Publikum sowohl unter den Christen als auch unter den Juden. Seine Vorstellung von der wesentlichen Einheit des mystischen Weges über alle dogmatischen Differenzen hinweg ist in der prämodernen jüdischen Lehre selten; heute dagegen wirkt sie anziehend. Die heutige Kabbalaforschung hat Abulafias Klassifikation übernommen. Das »Theosophisch-Theurgische«, etwa in den zehn Sefirot, rückt Gott ins Zentrum und hat zwei Aspekte: das theoretische Verständnis des Göttlichen und die Herstellung der Harmonie im göttlichen Reich selbst. Die ekstatische Kabbala, deren Hauptverfechter Abulafia selbst ist, rückt den Menschen ins Zentrum: für sie ist der höchste Wert die mystische Erfahrung des Individuums, sie befaßt sich aber nicht mit deren Wirkung auf die innere Harmonie der Gottheit.

Graçia Nasi (um 1510–um 1569) – Wohltäterin

Am Aschermittwoch des Jahres 1391 entlud sich über den Juden von Sevilla eine schreckliche Explosion der Gewalt. Viele wurden ermordet, andere zur Annahme der Taufe gezwungen. Es war der Anfang vom Ende des Goldenen Zeitalters des spanischen Judentums; was folgte, waren Unterdrückung, Verfolgung und Vertreibung.

Einige der seit 1391 Zwangsbekehrten nahmen schließlich das Christentum an. Andere hielten insgeheim am jüdischen Glauben fest. Viele stiegen als Bischöfe und Kardinäle in hohe Kirchenpositionen auf. Die Inquisition, eingesetzt zur Aufspürung christlicher Häresien, wurde ersucht, die Aufrichtigkeit der »Neuchristen« zu bewerten, wie man diese *conversos* schließlich bezeichnete (manche verwenden noch immer den Ausdruck *marranos*, nach einem kastilischen Wort für ›Schwein‹; man sollte ihn meiden). Denunziationen waren leicht – und oft nur zu wahr; Beichten und weitere Anschuldigungen wurden durch Folter erpreßt; der Schuldspruch führte zur Verbrennung auf dem Scheiterhaufen. (Die Kirche behauptet noch immer, sie habe niemanden auf dem Scheiterhaufen verbrannt. Das stimmt. Sie folterte – oft öffentlich – die Opfer und lieferte sie dann den weltlichen Autoritäten zur Strangulierung oder Verbrennung aus.)

Am Tag bevor Kolumbus – vielleicht selbst ein heimlicher Jude, sicher aber, was seine heldenhafte Seereise anging, der jüdischen Wissenschaft und jüdischen Finanziers verpflichtet – in See stach nach »Indien«, begannen die kürzeren, doch gefahrvolleren Reisen der Juden. Ferdinand und Isabella hatten sie aus Spanien vertrieben trotz der eloquenten Fürsprache ihres jüdischen Kanzlers Don Isaak Abrabanel (eine Begebenheit, die er anschaulich in seinem eigenen Bibelkommentar beschreibt). Manche fanden Aufnahme in Portugal, wurden allerdings ein paar Jahre später erneut unter schrecklichen Umständen vertrieben: man entriß ihnen ihre Kinder und führte sie zur Zwangstaufe.

1536 ordnete ein päpstliches Breve die Inquisition in Portugal an. Unter denen, die sich damals in das weniger repressive Regime von Antwerpen retten konnten, befand sich eine reiche junge Witwe namens Beatriz de Luna, deren Gatte Diogo Mendez durch den Gewürzhandel ein Vermögen gemacht hatte. Ihr Wunschziel, wie auch das anderer »Neuchristen«, war die Türkei, doch die Ausreise in ein nichtchristliches Land war nicht erlaubt. Hätte sie ihre Absicht offen bekundet, wäre das einem Bekenntnis zum Judentum gleichgekommen, was selbst in Antwerpen öffentliche Verurteilung, Feuertod und Konfiszierung des Familienvermögens hätte bedeuten können. Statt dessen baute sie das Familiengeschäft und dessen internationale Verbindungen weiter aus. Und indem sie sich vertrauenswürdiger

Porträt der Graçia Nasi, nach einem Medaillon von 1553
(Musée de Cluny, Paris. Foto: Réunion des musées nationaux, Paris)

Agenten in ganz Europa und selbst in der Türkei bediente, tat sie alles in ihrer Macht Stehende, damit andere der Inquisition in Portugal entkamen und ihnen die Flucht wenigstens nach England oder in die Niederlande, zuletzt aber an einen sicheren Ort gelang, wo sie ihren wahren Glauben verkünden konnten.

Noch immer unter christlichem Deckmantel traf sie gegen Ende des Jahres 1544 in Venedig ein. In einer dramatischen

Zuspitzung eines familiären Streits wurde sie von ihrer Schwester (später selbst eine standhafte Jüdin) beschuldigt, dem jüdischen Glauben anzuhängen, und ins Gefängnis geworfen. Sie kam erst wieder frei, als die »Hohe Pforte« (der ottomanische Hof) zu ihren Gunsten intervenierte und die Angelegenheit die internationalen Beziehungen zu beeinträchtigen drohte. 1550 konnte sie in Ferrara, unter dem Schutz des Herzogs Ercole II. aus dem Haus Este, endlich die Maske abwerfen und ihren *Marrano*-Namen Beatriz de Luna mit dem mehr jüdisch klingenden Graçia (= Hanna) aus dem Haus Nasi vertauschen. Die letzten Jahre ihres Lebens verbrachte sie in Konstantinopel, wo sie in einer prachtvollen Residenz mit Blick auf den Bosporus wohnte. Sie verfolgte weiter ihr großes Werk der Rettung der iberischen Juden, kümmerte sich aber auch um die Armen und Mittellosen. »Achtzig Bettler«, erfahren wir, »saßen jeden Tag an ihrer Tafel und segneten ihren Namen.« Auch an Unterstützung für Gelehrte, Publikationen sowie religiöse und wissenschaftliche Institutionen ließ sie es nicht fehlen; bereits in Ferrara hatte sie Unternehmungen wie die Herausgabe der »Ferrara-Bibel« auf Hebräisch und Spanisch gefördert.

Ihr portugiesischer Zeitgenosse Samuel Usque widmet ihr in seinen *Consolaçam as tribulaçoam de Israel* (»Trost für Israels Leiden«) einen ganzen Abschnitt zum Dank für die Organisation der Flucht der Juden aus Portugal. Seine Lobeshymne ist keineswegs übertrieben:

> »Wer hat wie du [Volk von Israel] die göttliche Gnade sich im menschlichen Gewand offenbaren sehen, als Er dir seinen Beistand geliehen und auch fortan leiht? Wer hat die tiefinnere Frömmigkeit der Miriam auferstehen sehen, die ihr Leben für die Rettung ihrer Brüder hingab? Die große Klugheit der Deborah in der Führung ihres Volkes? Die unendliche Tugend und tiefe Heiligkeit der Esther in ihrer Hilfe für die Verfolgten? Die

vielgepriesene Kraft der überaus keuschen und großmütigen Witwe Judith in der Befreiung derer, die in Qualen lagen? [...] Es ist sie [Doña Graçia Nasi], die dir mit mütterlicher Liebe und himmlischer Güte in gefahrvoller Not und Drangsal, die du erduldet, half [...] Sie, die den Notleidenden und Elenden beistand und keine Gunst, auch nicht ihren Feinden, ausschlug. [...] So zog sie weise, mit glücklicher Hand und himmlischer Macht, die meisten dieses Volks aus tiefstem Elend und anderer unermeßlicher Pein, worin sie Armut und Sünde in Europa gefesselt hielten. Sie schafft sie in sichere Länder und hört nicht auf, ihnen zu helfen, und führt sie zum Gehorsam gegen ihren Gott von alters her und seine Gebote [...].«

Baal Schem Tow (um 1700–1760) – Chassidismus

Der Schein kann trügen. Wenn man im Fernsehen oder auf den Straßen von Brooklyn, London oder Jerusalem jüdische Männer sieht mit Bart, Schläfenlocken, ohne Krawatte, im Kaftan und mit massigen Hüten, könnte man vermuten, daß diese Leute den konservativsten, traditionalistischsten Flügel des Judentums repräsentieren. Doch gerade die Kleidung sollte ein Fingerzeig sein, daß nicht alles so ist, wie es scheint. Moses war nicht so gekleidet, aber auch der Patriarch Jehuda, Saadja oder Raschi waren es nicht. Im Polen oder in der Ukraine des 18. Jahrhunderts wäre dieser Kleidungsstil, genauso wie die populäre Musik der chassidischen Klezmer-Kapellen, durchaus nicht fehl am Platz gewesen. In der Tat liegt dort die Heimat des Chassidismus, der anfangs als revolutionäre, volkstümliche Bewegung galt, welche die etablierte Ordnung und Überlieferung zu untergraben drohte.

Der Gründer der Bewegung war Israel ben Eliezer, besser bekannt nach seinem Ruf als Wanderheiler unter dem Namen Baal Schem Tow (siehe Kasten). In Podolien (Ukraine) als Kind bejahrter Eltern geboren, wurde er früh zur Waise und wuchs in Armut auf. In seinen jungen Jahren zeigte er keine besonderen Talente; man betraute ihn mit dem Einsammeln der Kinder, die er zum *Cheder*, der Religionsschule, bringen sollte. Schon damals pflegte er in die Wälder der Karpatenberge zu wandern, um in der Natur zu meditieren. Er heiratete und schlug sich eine Zeitlang als Gastwirt durch.

Baal Schem Tow (BESCHT)

Der Titel *Baal Schem* (hebräisch: ›Herr des [göttlichen] Namens‹) wurde Heilkundigen verliehen, von denen man glaubte, daß sie Wunderheilungen durch Aussprechen oder Niederschreiben der göttlichen Namen vollbringen.

Tow bedeutet ›gut‹. »BESCHT« ist die Abkürzung von *Baal Schem Tow.*

Der Standardhagiographie »Zum Lob des Bescht« zufolge offenbarte er sich engen Schülern als tiefsinniger Gelehrter und Mystiker erst nach seinem dreißigsten Lebensjahr. Als charismatischer Wunderheiler scharte er viele Anhänger um sich. Er leitete die Menschen an, schlicht und freudig zu Gott zu beten und seine Gebote zu erfüllen. Und fast so wie Jesus zog er sich den Zorn der Orthodoxen zu, als er sich mit Frauen und einfachen Menschen unterhielt und sich gegenüber den Subtilitäten des jüdischen Religionsgesetzes scheinbar gleichgültig zeigte.

Wanderprediger wie der Maggid von Meseritsch trugen die Bewegung weiter durch die Ukraine und Polen. Schon bald sangen und tanzten und tranken – sehr zum Entsetzen der geistlichen Autoritäten – die Chassidim in den Synagogen und tauschten den traditionellen Rabbi gegen ihre eigenen »Rebbe« aus. Ihre Schwärmerei, ihr Egalitarimus und die Vernachlässigung der überlieferten Thora-Gelehrsamkeit wirkten anziehend auf die Massen. Bald gab es chassidische Gemeinden mit einem erblichen »Rebbe« (Rabbi) oder »Zaddik« (»der Gerechte«) an der Spitze, der die Gläubigen führte und Wunder vollbrachte. Viele der frühen Sekten bestehen noch und sind nach den Namen der mit ihnen verbundenen Städte benannt. Belser Chassidim, Gerer Chassidim, Bratislaver Chassidim; einige werden noch heute von »Rebbe« geleitet. In jünster Zeit tat sich besonders Menachem Mendel Schneersohn, der »Lubawitscher Rebbe«, öffentlich hervor.

Als die chassidische Bewegung größer wurde, reagierte sie auf einige der Vorwürfe, welche die *Mitnaggedim* (»Gegner«) gegen sie erhoben. Ihre Anhänger wurden ›gesetzestreuer‹ und widmeten sich wieder mehr dem traditionellen Thora-Studium. Viele chassidische Rabbi waren hervorragende Gelehrte *und* Männer von tiefer Frömmigkeit. Doch im Gegensatz zu den *Mitnaggedim* maßen sie der Kabbala und mystischen Studien ebenso große Bedeutung bei wie dem Talmud. Stärker die Immanenz als die Transzendenz Gottes betonend, förderten sie kabbalistische Vorstellungen auf einem populären Niveau. Ein wichtiges Element der chassidischen Lehre ist das Erzählen von Geschichten. Viele von ihnen hat Martin Buber auf Deutsch neu erzählt und so den Chassidismus einem breiteren Publikum nahegebracht.

Zwar bekennt sich der Chassidismus zum überlieferten messianischen Glauben, betont aber mehr den individuellen als den nationalen Aspekt der Erlösung. Er hat es zumeist verstanden, die messianischen Erwartungen zu entschärfen (wenn er sie auch nie aufgab). Der Anspruch von Anhängern des verstorbenen Lubawitscher Rebbe, er sei der Messias gewesen, steht eher in der evangelisch-christlichen als der chassidischen Tradition.

Moses Mendelssohn (1729–1786) – Aufklärer

Ein größerer Gegensatz zwischen zwei Zeitgenossen innerhalb der jüdischen Welt als der zwischen Israel Baal Schem Tow und Moses Mendelssohn ist kaum vorstellbar. Jeder von ihnen hat – in ähnlichem Maße, wenn auch in entgegengesetzter Richtung – die spätere Entwicklung des Judentums nachhaltig beeinflußt.

Mendelssohn, in Dessau geboren, ging nach Berlin, wo er als Autodidakt Mathematik, Philosophie und Sprachen studierte; Juden waren damals vom Universitätsstudium ausgeschlossen. Seinen Lebensunterhalt mußte er sich als Privatlehrer im Haus eines reichen jüdischen Seidenhändlers verdienen. Er freundete sich schließlich mit dem jungen Dramatiker und Kritiker Lessing an, der den Protagonisten seines Stücks *Nathan der Weise* nach Mendelssohn modelliert haben soll. Dieser Abschnitt seines Lebens wurde 1764 gekrönt, als ihm die Berliner Akademie den ersten Preis für die beste Abhandlung über die Beziehung zwischen der metaphysischen und wissenschaftlichen Methode verlieh; unter seinen Mitbewerbern befand sich Immanuel Kant! Mendelssohns *Phaedon* (1767), ein Dialog über Unsterblichkeit, trug ihm den Beinamen »deutscher Sokrates« ein.

Im Jahr 1769 forderte der Schweizer Pfarrer Johann Kaspar Lavater Mendelssohn auf, entweder das Christentum öffentlich zu widerlegen oder aber, »was Klugheit, Wahrheitsliebe, Redlichkeit Sie tun heißen«: sich »zum Christentum zu bekennen«. In einer mutigen und des Gegenstands würdigen Replik bekräftigte Mendelssohn seinen Glauben an die jüdische Religion, ja behauptete sogar, diese stehe höher als das Christentum, weil sie im Grunde toleranter sei. Er schrieb:

> »Nach den Grundsätzen meiner Religion *soll* ich niemand, der nicht nach unserm Gesetz geboren ist, zu bekehren suchen. [...] Alle unsere Rabbinen lehren

einmütig, daß die schriftlichen und mündlichen Gesetze, in welchen unsere geoffenbarte Religion bestehet, nur für unsere Nation verbindlich seien. [...] Alle übrigen Völker der Erde, glaubten wir, seien von Gott angewiesen worden, sich an das Gesetz der Natur und an die Religion der Patriarchen zu halten. Die ihren Lebenswandel nach den Gesetzen dieser Religion der Natur und der Vernunft einrichten, werden *tugendhafte Männer von andern Nationen* genennet, und diese sind Kinder der ewigen Seligkeit.

Unsere Rabbinen sind so weit von aller Bekehrungssucht entfernt, daß sie uns sogar vorschreiben, einen jeden, der sich von selbst anbietet, durch ernsthafte Gegenvorstellungen von seinem Vorsatze abzuführen. [...]

Wenn unter meinen Zeitgenossen ein Konfuzius oder Solon lebte, so könnte ich, nach den Grundsätzen meiner Religion, den großen Mann lieben und bewundern, ohne auf den lächerlichen Gedanken zu kommen, einen Konfuzius oder Solon bekehren zu wollen. Bekehren? Wozu? Da er nicht der Gemeinde Jacobs angehöret, so verbinden ihn meine Religionsgesetze nicht, und über die Lehren wollten wir uns bald einverstehen. Ob ich glaubte, daß er selig werden könnte? – Oh! mich dünkt, wer in diesem Leben die Menschen zur Tugend anführet, kann in jenem nicht verdammt werden, und ich habe kein ehrwürdiges Kollegium zu fürchten, das mich dieser Meinung halber, wie die Sorbonne den rechtschaffenen Marmontel, in Anspruch nehmen könne.«[1]

Mendelssohn war ein glühender Verfechter der jüdischen Bürgerrechte und gehörte zu den ersten, die den jüdischen Separatismus anprangerten. Nachdrücklich drängte er seine

1 *Moses Mendelssohn, Schriften über Aufklärung und Religion,* hrsg. und eingel. von Martina Thom, Berlin 1989, S. 314 ff. [Hervorh. im Orig.].

jüdischen Mitbürger, soweit es ihnen ihre Religion erlaubte, zur Assimilierung an die deutsche Kultur und Gesellschaft und forderte sie auf, statt jiddisch hochdeutsch zu sprechen. Noch im fernen England wurde sein *Biur*, eine deutsche Übersetzung der ersten fünf Bücher der Bibel in hebräischen Lettern, begeistert aufgenommen, während ihm von anderer Seite die Exkommunikation angedroht wurde. Er förderte die Gründung der »Jüdischen Freyschule« in Berlin im Jahr 1781, in der neben dem traditionellen Unterricht im Talmud und der Bibel auch weltliche Fächer wie Französisch und Deutsch gelehrt wurden.

In seinem philosophischen Werk *Jerusalem, oder: Über religiöse Macht und Judentum* plädierte er für die vollständige Trennung von Staat und Kirche. Er wandte sich sowohl gegen kirchlichen Vermögensbesitz als auch gegen die Anwendung des Exkommunikationsbanns (durch die Kirche oder Synagoge). Energisch bekämpfte er den Pantheismus; allerdings steht seine »Religion der Natur und Vernunft« dem Deismus der Aufklärung nicht mehr fern. Und wie viele zeitgenössische Christen verwarf er religiöse Dogmen; selbst die Schrift war für ihn, wiewohl er nicht ausdrücklich ihren göttlichen Ursprung bezweifelte, »offenbarte Gesetzgebung«, frei von jeglichem Dogma. Freiheit in der Lehre und Gesetzesfrömmigkeit im Handeln machten für ihn den Geist der jüdischen Religion aus.

Mit derlei Vorstellungen hatte sich Mendelssohn weit von der Hauptströmung der religiösen Tradition des Judentums entfernt. Indessen ermöglichten sie es den Menschen, am Sinn ihres Glaubens weiter festzuhalten und zugleich das, was ihnen an der Aufklärung wertvoll erschien, zu übernehmen. Nicht nur das Reformjudentum, sondern auch die heutige jüdische Neo-Orthodoxie stützt sich wesentlich auf Mendelssohns bahnbrechende Synthese von Tradition und Moderne.

4
Jüdischer Kalender und jüdische Feste

Tage und Monate und Jahre

Die Natur ist der Schlüssel zum jüdischen Kalender. Denn wie sollte man sonst, wenn man eines Tages fern der Zivilisation, ohne Kalender und Uhr, erwachen würde, den Zeitablauf markieren? Und wie sollte man, im weiteren Fortschreiten der Zeit, wichtige Ereignisse seines Lebens feiern oder sich einprägen – den Tag etwa, an dem man geboren wurde, einen Schiffbruch überlebte oder die Ernte einbrachte?

Man würde sich wohl am Auf- und Untergang der Sonne orientieren, und vielleicht fiele dabei auch auf, daß sie genau in der Tagesmitte ihren höchsten Stand erreicht. Freilich gelänge es nicht, Mitternacht exakt festzulegen. Die Tage würden daher entweder ungefähr bei Sonnenaufgang oder Sonnenuntergang beginnen. Tatsächlich leben beide Markierungsweisen im jüdischen Kalender fort. Die Tempelhandlungen wurden auf einen im Morgengrauen beginnenden Tag verteilt. Für alle anderen Zwecke begann der Tag bei Einbruch der Nacht. So erklärt sich, daß der Schabbat nicht Freitagnacht um zwölf oder am Samstagmorgen beginnt, sondern am Freitagabend kurz vor Sonnenuntergang – die genauen Zeiten wechseln je nach Jahreszeit und Längengrad und werden in der jüdischen Presse bekanntgegeben.

Diese einfache Tatsache hat beträchtliche Folgen. Würde der Schabbat um Mitternacht beginnen, wären nur wenige noch wach, um davon Notiz zu nehmen. Da er aber früher, ehe die Leute zu Abend essen, beginnt, ist der Freitagabend zu einer der großen sozialen Institutionen des Judentums geworden. Die Leute gehen zum Gebet in die Synagoge und singen frohe Psalmen und Hymnen. Danach kehren sie in hell erleuchtete Häuser an einen festlich gedeckten Tisch zurück, um über einem Becher Wein den *Kiddusch*, einen besonderen Segen, zu sprechen und gemeinsam das Brot zu brechen. Tischgebete und Hymnen werden gesungen, und ein warmes Gefühl der spirituellen Verbundenheit erfüllt Familie und Gäste. Auch wer nicht zur Synagoge geht und nicht besonders religiös ist, verbringt den Freitagabend in der Familie. Wenn die Familienwerte und die innigen Gefühle, die aus der Zugehörigkeit zu einer Familie und Gemeinschaft erwachsen, im Judentum fortleben, so liegt das wesentlich am Frieden und der Harmonie, die man in so vielen Heimen spürt, wenn zu Beginn des Schabbats die Kerzen angezündet werden.

Soviel zum jüdischen Tag, der bei Sonnenuntergang und nicht um Mitternacht beginnt. Wie steht es mit den Monaten und Jahren?

Wieder liefert die Natur den Schlüssel. Ein Monat ist die Zeit, in welcher der Mond einmal zu- und wieder abnimmt – etwas mehr als 29½ Tage. Ein Jahr ist die Zeit, in der die Jahreszeiten einmal ihren Kreislauf vollenden (heute wissen wir, daß sie von der Umlaufbahn der Erde um die Sonne abhängt) – etwas weniger als 365¼ Tage. Wie unbequem von der Natur, daß sie die Dinge so eingerichtet hat, denn 365¼ läßt sich nicht ohne Rest durch 29½ teilen! Die Muslime gaben das Sonnenjahr auf und wählten ein Jahr mit zwölf lunaren Monaten, verlieren aber so jedes Jahr rund elf Tage auf die Jahre der anderen. Weil sie im Kalender weiterwandern, orientieren sich ihre Feste nicht mehr an den Jahreszeiten der Natur. Im abendländischen – christlichen – Kalender hingegen decken sich die Jahre mit den Jahreszeiten, die Monate aber nicht mehr mit den Mondphasen. Die Rabbinen entschieden sich für einen Kalender, der aus beiden Welten das Beste macht, doch das Festhalten an der Natur hat einen Preis. Die Monate schwanken zwischen 29 und 30 Tagen, die Jahre zwischen 12 und 13 Monaten, und es gibt in 19 Jahren siebenmal Schaltjahre (d. h. Jahre mit 13

Mosaik mit Tierkreiszeichen für die Monate des jüdischen Kalenders (Beth-Alpha-Synagoge, Israel)

(Foto: Unesco)

Monaten). Kompliziert, aber es funktioniert! Gefeiert werden der Neumond und der Wechsel der Jahreszeiten. (Siehe Kasten S. 68).

In biblischen Zeiten war Neumond ein Fest von erheblicher Bedeutung – die Frau des Schunemiters, die zum Propheten Elischa eilte, als ihr Sohn starb, verblüffte ihren Mann, denn es war »nicht Neumond und nicht Schabbat«

(2. Kön. 4,23). Im späteren Judentum hat man sie indessen heruntergespielt. Dennoch enthielten sich die Frauen bei Neumond in einigen mittelalterlichen Gemeinschaften der Arbeit. Jüdische Feministinnen, die diesen Wink aus dem Mittelalter aufgriffen, haben *Rosch Chodesch* (Neumond) als Fest der Erneuerung der Frau für sich zurückgefordert. Sie begehen ›ihr‹ Fest, indem sie Liturgien lesen, die Aspekte der weiblichen Spiritualität preisen. Rund um die Welt gibt es heute viele *Rosch-Chodesch*-Vereinigungen, die speziell das Gebet und die religiöse Erziehung von Frauen fördern.

Die hebräischen Monate

hebräisch	Äquivalente (die Monate überlappen sich)
Nissan	März–April
Ijar	April–Mai
Siwan	Mai–Juni
Tammus	Juni–Juli
Aw	Juli–August
Elul	August–September
Tischri	September–Oktober
Cheschwan	Oktober–November
Kislew	November–Dezember
Tewet	Dezember–Januar
Schwat	Januar–Februar
Adar	Februar–März
2. Adar	*nur im Schaltjahr*

Die Pilgerfeste

Drei der beliebtesten an biblische Ereignisse erinnernden Feste werden als »Pilger«-, »Wallfahrts«- oder »Fuß«-Feste bezeichnet, weil die Pilger in der Antike zu ihrer Feier zum Tempel in Jerusalem zu reisen pflegten. Philon von Alexandria, der große, zu Beginn des 1. Jahrhunderts verstorbene jüdische Philosoph, gab als Augenzeuge einen anschaulichen Bericht vom Schauplatz des Geschehens:

»Zu jedem Fest kommen zahllose Menschen aus zahllosen Städten aus Ost und West und Nord und Süd, einige über Land, andere über See. Der Tempel ist für sie ein allgemeiner Ankerplatz und eine sichere Zuflucht vor der Hast und den Umtrieben des Lebens. Sie hoffen, dort Ruhe zu finden und, befreit von den Sorgen, deren Joch seit frühester Kindheit auf ihnen lastet, eine kurze Atempause in froher Gesellschaft zu genießen.«

Allen drei Pilgerfesten ist das Thema der Freude an Gottes Gegenwart gemeinsam. »Du sollst an deinem Fest fröhlich sein«; und zu »der Stätte, die er auswählt, [...] soll man nicht mit leeren Händen hingehen, [...] sondern jeder mit seiner Gabe« (5. Mose 16,14–16). Traditionell werden die Feste mit Fleisch und Wein gefeiert, und für die Frauen werden neue Kleider gekauft. Die Freude ist, wie es kurz zuvor heißt, erst vollkommen, wenn sie sich mit der Sorge für die Bedürftigen, »die Fremden, Waisen und Witwen, die in deiner Mitte leben« (11), verbindet. Daher sind die Feste noch heute Zeiten, an denen die Menschen überaus großzügig karitativen Appellen Folge leisten.

Jedes dieser Feste hat eine historische, eine spirituelle und eine landwirtschaftliche Bedeutung. In noch tieferen Schichten forschen die Mystiker nach geheimen, verborgenen Bedeutungen. (Siehe Kasten S. 70).

Die Synagogengottesdienste verlaufen im allgemeinen eher ruhig und ernst, doch es gibt Ausnahmen. Am 14. Oktober 1663 setzte sich der englische Tagebuchschreiber Samuel Pepys zum zweiten Mal in den Kopf, der Synagoge in der Church Lane in London seinen Besuch abzustatten. Was er sah, erstaunte ihn. Es schien, als sei ein Pandämonium losgelassen, graubärtige Männer hüpften und tanzten, die Thora-Rollen schwenkend, in der Synagoge herum wie

Die Pilgerfeste und ihre Bedeutungen

Name des Festes	*historisch*	*spirituell*	*landwirtschaftlich*
Pessach Frühling, etwa um Ostern	Erinnert an den Exodus der Israeliten aus Ägypten und das Ende der Knechtschaft	Gott ist der Erlöser; aus Sklaven des Pharao in Ägypten wurden allein Gottesdiener	Das Fest des Frühlings, des neuen Wachstums, der ersten Getreideernte, Gerste
Schawuot Frühsommer, etwa um Pfingsten	Ist der Tag, an dem Gott die Zehn Gebote am Berg Sinai gab als Bedingungen seines Bundes mit Israel	Die Errettung aus ägyptischer Knechtschaft war erst vollendet, als ihre *spirituelle* Dimension durch die Offenbarung der Thora am Sinai erfüllt war	Markiert die letzte Getreideernte (Weizen) und die ersten Früchte
Sukkot (Laubhüttenfest) Herbst	Gott beschützte die Israeliten in der Wüste: »Damit eure kommenden Generationen wissen, daß ich die Israeliten in Hütten wohnen ließ, als ich sie aus Ägypten herausführte« (3. Mose 23,43)	Gott ist unser Beschützer; symbolisch verlassen wir unsere Häuser und wohnen in einfachen Hütten (*Sukkot*)	Das letzte Erntefest des Jahres

Jüdische Familie bei der Erörterung der Thora in der *Sukkah* (Laubhütte)

(Foto: Werner Braun, Jerusalem)

junge Ziegenböcke. Ohne Wissen hatte Pepys beschlossen, seiner Neugier am Tag der »Simchat Thora« (*simchah*, hebr. ›Freude‹), des großen Festes am Ende der »Sukkot«, zu frönen, wenn die Lesung des jährlichen Thora-Zyklus beendet und sofort neu begonnen wird. Dabei tanzen die Männer in fröhlichen Umzügen mit den Thora-Rollen im Arm um die *Bima* (Lesepult im Zentrum).

Festlich begangene Feiern finden aber nicht nur in der Synagoge statt, sondern genauso zu Hause. Zweifellos das beliebteste und faszinierendste ist der »Seder« (*seder*, hebr. ›Abend‹), das Pessach-Mahl. Seine Ursprünge reichen weit in das Tempelritual des Pessach-Lamms zurück; es wurde am Nachmittag des Vortags des Pessach geschlachtet und abends zu Hause, am ersten Tag des Festes, feierlich verzehrt. Das früher im Tempel gelesene »Hallel« (Ps. 113–118) ist auf das Seder-Mahl übertragen worden. Man ißt kein Opferlamm mehr; charakteristische Speisen sind heute vor allem *Mazzah* (ungesäuertes Brot) und *Maror* (Bitterkraut).

Im Mittelpunkt des Abends steht allerdings die *Haggadah*, was soviel heißt wie Geschichte. *Haggadah* heißt auch das Buch, in dem die Liturgie abgedruckt ist. Viele Juden sind stolz auf ihre Sammlungen der *Haggadot* (*-ot* ist Pluralendung hebräischer Feminina), von denen einige sehr schön gedruckt und illustriert sind; viele enthalten Erläuterungen und moderne Kommentare. Konkret sagt die Bibel: »An diesem Tag erzähl deinem Sohn: ›Das geschieht für das, was der Herr an mir getan hat, als ich aus Ägypten auszog‹« (2. Mose 13,8), und aus diesem Gebot ist die Seder-Feier hervorgegangen.

Der Seder ist vor allem ein Fest der Gemeinschaft: alle lesen, diskutieren und singen mit. Einer der Höhepunkte gleich nach Beginn sind die »vier Fragen«, die auf hebräisch vom jüngsten Kind gesungen werden. Es hat sie oft wochenlang eingeübt und wartet freudig darauf, mit den Erwachsenen so lange aufbleiben zu dürfen. Wenige Juden werden je die Worte vergessen: *mischtana ha-layla ha-sé* ... »Warum ist diese Nacht so anders als alle anderen Nächte ...«. Bei vielen wecken sie glückliche Erinnerungen an eine im Kreis einer liebenden Familie verbrachte Kindheit.

Seit rabbinischen Zeiten ist es Brauch, am Seder vier Gläser Wein zu trinken. Sie repräsentieren die vier Stadien der Erlösung, beginnend mit dem Exodus selbst (vor dem Mahl) bis zum Messias (nach dem Mahl). Manche trinken noch ein fünftes Glas oder stellen ein Extraglas Wein auf den Tisch »für den Propheten Elija«.

Zu den Freuden eines gut geleiteten Seder zählt die Teilnahme aller Anwesenden an der Diskussion, egal ob sie an gedruckte Kommentare anknüpft oder spontan und originell ist. Etliche neuere Ausgaben haben versucht, die Lehren der *Haggadah* auf Fragen der Gegenwart anzuwenden: Welches sind die Nationen oder die marginalisierten Gruppen in der heutigen Gesellschaft, und mit welchen Mitteln sollen sie »befreit« werden?

Die häuslichen Vorbereitungen auf Pessach sind sehr intensiv. Über allem steht die Verpflichtung, gemäß biblischem Gebot alles *Chamez* (Gesäuertes) vor dem Fest aus dem Haus zu entfernen (2. Mose 12,15–20; 13,7). Pessach ist daher auch die Zeit des gründlichen Frühjahrsputzes. Für das Fest benötigt man besonderes Geschirr und Speisen, die frei von *Chamez* sind. Jüdische Lebensmittelhändler und auch viele Supermärkte führen heutzutage ein breites Sortiment von Nahrungsmitteln, die zum Verzehr an Pessach erlaubt sind. Jüdische Kochbücher enthalten in der Regel eine Auswahl von Pessach-Rezepten, die statt Mehl ungesäuertes Schrot- oder Kartoffelmehl verwenden.

Tage der Ehrfurcht

Nicht alle jüdischen Feste sind Freudentage. Rosch-Ha-Schana, das Neujahrsfest, und Jom Kippur, der Versöhnungstag, sind ernste – wiewohl nicht traurige – Anlässe, die den Beginn und das Ende der »Zehn Tage der Buße« markieren. Die »Zehn Tage« selbst beschließen die *Jamim Norayim*, die Tage der Ehrfurcht, eine vierzig Tage lange Sühnezeit, die im Monat vor dem Neujahr beginnt (ganz ähnlich also wie die Fastenzeit, doch im Herbst, nicht im Frühling).

Am Vorabendfest von Neujahr (zur Erinnerung: der Tag beginnt am Abend des Vortags) ißt man Speisen, die Süßes, Segen und Überfluß symbolisieren. Man taucht das Brot, statt wie sonst in Salz, in Honig und betet: »Möge es dein Wille sein, uns ein gutes und süßes neues Jahr zu bescheren.«

Blasen des Schofar, der meist aus dem Horn eines Widders oder Steinbocks hergestellt wird

(Foto: Werner Braun, Jerusalem)

Der Morgengottesdienst dauert lange – vier bis sechs Stunden –, ist aber gut besucht, auch wenn viele sich erst spät einfinden. Die Gebete rufen Gott als Schöpfer, König und Richter an, der Vergebung und Erbarmen gegenüber allen übt, die sich an ihn wenden und seine Gnade suchen. Ab und zu ertönt während des Gottesdienstes das besondere Kennzeichen dieses Tages: der *Schofar* (Widderhorn). Wegen seiner unregelmäßigen Bohrlöcher und seines nur dürftig geformten Mundstücks ist das Instrument nicht leicht zu blasen. Doch wenn sein Schall ertönt, ruft es zur Buße und erfüllt die Worte des Propheten: »Bläst jemand in der Stadt ins Horn, ohne daß das Volk erschrickt?« (Amos 3,6).

Zu Beginn des 1. Jahrhunderts schrieb Philon, Jom Kippur werde »nicht nur von den Frommen und Heiligen, sondern auch von denen befolgt, die in ihrem übrigen Leben nie religiös handeln«. Das gilt auch noch heute. Zumindest stundenweise (die Gebete dauern den ganzen Tag über) sind die Synagogen berstend voll. Nicht alle, die anwesend sind, sehnen sich nach Sündenvergebung, erforschen ernsthaft ihr Gewissen und geloben Reue, getragen von der Zuversicht auf Gottes Gnade und Erbarmen mit der schwachen Menschheit. Dies ist die eigentliche Bedeutung des Tages, und danach steht den Frommen auch der Sinn. Für viele jedoch ist ein kurzes Erscheinen in der Synagoge an Jom Kippur eher ein Bekenntnis zu ihrer jüdischen Identität als eine religiöse Verpflichtung.

Dennoch ist es eine bemerkenswerte Art, die eigene Zugehörigkeit zu demonstrieren, zumal wenn sie – wie es oft der Fall ist, selbst bei denen, die nur noch die wenigsten religiösen Bräuche beachten –, mit Fasten verbunden ist. Denn an Jom Kippur ist nicht nur wie am Schabbat die Arbeit verboten, sondern es gelten auch die fünf *Innujim* oder Formen der Selbstdisziplin: verboten sind Essen und Trinken (als ein Verbot gerechnet), die Salbung mit Ölen, sexueller Verkehr, das Waschen (zum Vergnügen) und das Tragen von Lederschuhen.

Teschuwa (Buße, Reue, Sühne) ist nicht nur das Thema von Jom Kippur, sondern auch ein Leitmotiv der jüdischen Religion. Sie bedeutet ›Umkehr‹ – die wörtliche Bedeutung des Begriffs – zu Gott. Sie schließt die ›Anerkennung‹ der Sünde ein: die Reue, Beichte und erneute Verpflichtung, den richtigen Weg zu beschreiten. Es ist kein Opfer oder sonstiger Vermittler erforderlich, um den Prozeß der *Teschuwa* zu vollenden, sie hängt vielmehr allein von der Gnade Gottes ab. In den schulmäßigen Worten der Mischna (s. S. 44):

> »*Teschuwa* (Buße) sühnt (unmittelbar) kleinere Sünden, sowohl positive wie negative, doch wenn man eine ernste Sünde begeht, hängt sie in der Schwebe, bis Jom Kippur kommt und sie sühnt. Wenn jemand sagt: ›Ich soll sündigen und bereuen, ich soll sündigen und bereuen!‹, bekommt er keine Gelegenheit zu bereuen. Wenn jemand sagt: ›Ich werde sündigen, und Jom Kippur wird sühnen‹, sühnt Jom Kippur nicht. Jom Kippur sühnt Sünden zwischen Mensch und Gott, sühnt aber nicht Kränkungen anderer, solange keine Versöhnung stattgefunden hat.«

Mit besonderer Spannung wird *Kol Nidre* erwartet, das die Liturgie für den Jom-Kippur-Vorabend eröffnet. Zwar sind die aramäischen Worte nur eine prosaische Formel, die unabsichtliche Gelübde aufheben soll. Doch die ergreifende Melodie und die feierliche Stimmung, wenn sich die ganze Gemeinde aufs feinste gekleidet erwartungsvoll und in Ehrfurcht vor Gott versammelt, verbinden sich zu einem der bewegendsten Momente des jüdischen Jahres.

Der letzte Gottesdienst am Tag darauf, wenn die Fastenzeit endet, ist *Ne'ilah* (›das Schließen der Tore‹). Die Gemeinde ist aufgerufen, diese letzte Stunde nach Kräften zu nutzen, solange die Tore des Himmels noch weit offen stehen. Wenn das *Avinu Malkenu* (»unser Vater, unser König«) erklingt, die Gemeinde den Einen Gott verkündet und der *Schofar* ein letztes Mal ertönt, so stellt dies wohl den emotionalen Höhepunkt des jüdischen Jahres dar.

Soviel zu den Hauptfesten. Es gibt noch eine Anzahl kleinerer; die volkstümlichsten sind Chanukka, Purim, das »Neujahrsfest der Bäume« und der Israelische Unabhängigkeitstag.

Chanukka erinnert an die Wiedereinweihung des Tempels durch die Hasmonäer um 165 v. d. Z. Der Talmud beschreibt ihren Ursprung folgendermaßen:

Ein jüdischer Kalender für das Jahr 2000

Bürgerliches Datum	*jüdisches Datum*	*Anlaß*
11./12. Sept. 1999	1. und 2. Tischri	Neujahr
13. Sept. 1999	3. Tischri	Gedalja-Fasten
20. Sept. 1999	10. Tischri	Versöhnungstag
25. Sept. 1999	15. Tischri	Sukkot, 1. Tag
2. Okt. 1999	22. Tischri	Schemini Azeret
4. Dez. 1999	25. Kislew	1. Tag von Chanukka
19. Dez. 1999	10. Tewet	Fasten des 10. Tewet
22. Jan. 2000	15. Schewat	Neujahr der Bäume
20. März 2000	13. Adar	Ester-Fasten
21. März 2000	14. Adar	Purim
20. Apr. 2000	1. Nissan	Pessach, 1. Tag
26. Apr. 2000	7. Nissan	Pessach, 7. Tag
10. Juni 2000	6. Siwan	Schawuot
20. Juli 2000	17. Tammus	Fasttag des 17. Tammus
10. Aug. 2000	9. Aw	Fasttag des 9. Aw

Die folgenden zusätzlichen Feste werden in der Diaspora gefeiert:

26. Sept. 1999	15. Tischri	Sukkot, 2. Tag
3. Okt. 1999	23. Tischri	Simchat Tora
21. Apr. 2000	2. Nissan	Pessach, 2. Tag
27. Apr. 2000	8. Nissan	Pessach, letzter Tag
9. Juni 2000	7. Siwan	Schawuot, 2. Tag

Anmerkung: Da das jüdische Neujahr im Herbst liegt, überlappt sich das jüdische Jahr mit dem des bürgerlichen Kalenders. 5760 AM, ein Schaltjahr, dauert vom 11. September 1999 bis zum 29. September 2000.

»Die acht Tage der Chanukka beginnen am 25. Kislew, und man darf an ihnen nicht loben noch fasten. Denn als die Griechen in den Tempel eindrangen, entweihten sie alles Öl dort. Doch die Hasmonäer erstarkten wieder und besiegten sie. Als sie im Tempel nach Öl suchten, fanden sie nur noch ein Fläschchen, welches das Siegel des Hohepriesters trug, vor. Es reichte aber nur für einen Tag. Ein Wunder geschah, so daß sie davon acht Tage den Tempel erleuchten konnten. In einem späteren Jahr bestimmten sie diese Tage zum Fest der Lobpreisung und Danksagung.«

Indem die Rabbinen das in anderen Quellen nicht erwähnte »Ölwunder« in den Mittelpunkt stellten, verwandelten sie das Dankfest für einen militärischen Sieg in eine Feier des Triumphs des Lichts über die Dunkelheit. Oder in den Worten des Sacharja: »Nicht durch Macht, nicht durch Kraft, allein durch meinen Geist! – spricht der Herr der Heere« (Sach. 4,6).

In jeder der acht Nächte des Festes wird ein Licht angezündet, um »das Wunder anzukündigen«: ein Licht in der ersten, zwei in der zweiten und so weiter, bis in der letzten Nacht acht Lichter brennen. Man verwendet lieber Öl als Wachskerzen, und heute besitzen die meisten eine *Menora* oder *Chanukkija* (ein meist neunarmiger Leuchter) speziell für Chanukka. Viele dieser Leuchter sind sehr schön geformt und in Edelmetall ausgeführt.

Purim erinnert an die Rettung der Juden vor der Vernichtung unter dem persischen König Ahasver, wie das Esterbuch der Bibel berichtet. Am Abend und am Morgen nach den jeweiligen Gottesdiensten wird die *Megillah* (die hebräische Pergamentrolle des Esterbuches) öffentlich verlesen. Weit verbreitet ist auch der Brauch, jedesmal, wenn der Name des Judenfeindes Haman genannt wird, mit besonderen Purimrasseln Lärm zu schlagen. Die kritischeren Geister lehnen ihn ab und fordern, jedes Wort müsse deutlich zu verstehen sein.

Der Tag steht ganz im Zeichen einer Karnevalsatmosphäre: oft kostümiert man sich, veranstaltet Umzüge und führt sogar ein satirisches *Purim-Spiel* auf. Gemäß Ester 9,22 verteilt man Almosen an die Bedürftigen, schickt seinen Freunden Geschenke, und es herrscht allgemeine Feststimmung und Ausgelassenheit. Welcher Berauschungsgrad empfehlenswert ist, darüber gehen die Meinungen auseinander.

Das Neujahrsfest der Bäume wird im Talmud erwähnt, doch erst seit der »Rückkehr ins Gelobte Land« in der Neuzeit ist es ein populäres Fest geworden. Vor allem in Israel ist *Tu Bischwat*, wie das Fest heißt, durch einen schulfreien Tag und das zeremonielle Pflanzen von Bäumen gekennzeichnet. Weitverbreitet ist auch die Sitte, fünfzehn Früchte entsprechend dem Monatsdatum zu essen; man bevorzugt dabei Früchte aus Israel.

Die Festsetzung des 5. Ijar (später April/Mai) als Jom Ha-Azmaut (israelischer Unabhängigkeitstag) im religiösen Kalender war, ob aus religiösen oder politischen Gründen, nicht unumstritten. Trotzdem feiern ihn viele Juden innerhalb und außerhalb Israels, rezitieren besondere Psalmen und Gebete und organisieren Veranstaltungen.

Fastentage

Außer Jom Kippur gibt es fünf weitere öffentliche Fastentage im jüdischen Jahr, von denen der wichtigste der 9. Aw (*Tischa be-Aw*) ist, der an die Zerstörung der beiden Tempel und andere tragische Ereignisse erinnert. Sowohl an Jom Kippur wie *Tischa be-Aw* ist ein 24stündiges Fasten vorgeschrieben: vom Sonnenuntergang des ersten bis zum Einbruch der Nacht am nächsten Tag darf man nichts essen und trinken. Davon befreit sind natürlich alle, für die Fasten schwierig oder gefährlich ist. Die anderen Fastentage dauern nur vom Morgengrauen bis zur Abenddämmerung.

5
Das spirituelle Leben: Gebet, Meditation, Thora

Es folgt eine Erzählung aus dem Talmud. Einige erklärende Anmerkungen sind in Klammern hinzugefügt. Dabei bleibt es dem Leser überlassen, herauszufinden, wer jeweils mit dem Pronomen »er« gemeint ist. Man darf sich nicht wundern, daß der Prophet Elija in der Erzählung auftritt. Zwar ist er mehr als tausend Jahre vor der Entstehung des Talmuds in einem Feuerwagen zum Himmel aufgefahren, doch kehrt er hin und wieder zurück, um den Gelehrten und Frommen Mut zuzusprechen und sie zu leiten. Selbst in unserer skeptischen Zeit soll er sich noch Leuten offenbart haben. »Für die kommende Welt erwählt« bedeutet übrigens ungefähr dasselbe wie das christliche »errettet«.

»Rabbi Baroka von Hoza'a pflegte zum Lefet-Markt zu gehen, und oft leistete ihm Elija dabei Gesellschaft. Er fragte ihn: ›Gibt es irgend jemand auf diesem Markt, der für die kommende Welt erwählt ist?‹ ›Nein!‹ sagte er.
Nach einer Weile sah er einen Mann, der schwarze Schuhe trug, aber keinen blauen Saum an seinem Rock trug [d. h., er war nicht nach jüdischem Brauch gekleidet]. ›Dieser Mann ist für die kommende Welt erwählt‹, sagte er.
Er rannte hinter ihm her und fragte ihn: ›Was machst du?‹ ›Geh heute weg und komm morgen wieder‹, erwiderte er. Am nächsten Tag fragte er ihn: ›Was machst du?‹ ›Ich bin ein Gefängnisaufseher‹, sagte er. ›Ich sperre Männer und Frauen getrennt ein und stelle mein Bett zwischen sie, so daß sie nichts Verbotenes [nach der Thora] tun können. Wenn ich merke, daß die

Heiden an einem jüdischen Mädchen Gefallen finden, tue ich alles, sie zu beschützen. Eines Tages war da ein verlobtes Mädchen, auf das die Heiden ein Auge geworfen hatten. Ich holte einen Rest Rotwein und schüttete ihn auf ihren Rock, so daß sie glaubten, sie würde menstruieren [und sie in Ruhe ließen].‹

›Warum hast du keinen [blauen] Saum an deinem Rock, und warum trägst du schwarze Schuhe?‹

›Weil ich unter die Heiden gehe, und ich möchte nicht, daß sie wissen, daß ich Jude bin. Wenn sie ein Dekret gegen die Juden erlassen, kann ich so die Rabbinen davon unterrichten, die dann beten, um das Dekret abzuwenden.‹

›Warum hast du gesagt, ich soll weggehen und am nächsten Tag wiederkommen, als ich dich gefragt habe, was du machst?‹

›Gerade da erließen sie ein Dekret‹, sagte er, ›und da war mein erster Gedanke, ich müsse fort und die Rabbinen unterrichten, damit sie deswegen beten.‹

Unterdessen kamen zwei Brüder vorbei. ›Auch sie sind für die kommende Welt erwählt‹, sagte er zu ihm.

Er ging zu ihnen und fragte sie: ›Was macht ihr?‹ ›Wir sind Clowns‹, sagten sie. ›Wir heitern die Traurigen auf. Oder wenn wir zwei Leute streiten sehen, gehen wir hin und stiften Frieden.‹«

Diese wunderliche Erzählung ist auf Leute gemünzt, die glauben, sie wüßten, was »spirituell« bedeutet. Die »Heroen des spirituellen Lebens«, so zeigt Elija dem konventionellen Rabbi Baroka, sind nicht die demonstrativ Frommen, nicht einmal die Gelehrten und Eifernden wie Baroka selbst (der offensichtlich auf ein Lob aus war, das er von dem Propheten *nicht* erhielt). Sie erscheinen oft als ganz gewöhnliche Menschen, nicht einmal religiös in einem konventionellen Sinn, deren stille Taten die Qualität des Lebens um sie herum erhöhen – die Sorgenden, die Mitfühlenden, all jene, die ihre Talente nutzen, um die Bürden der Menschheit zu erleichtern.

All das scheint weit entfernt zu sein von dem biblischen Gebot zum spirituellen Leben: »Seid heilig, denn ich, der Herr, euer Gott, bin heilig« (3. Mose 19,2). Aber liegt Heiligkeit nur im Fasten, im Beten und in »spirituellen« Übungen? Offenbar nicht. In Wahrheit hat das meiste, was in dem Kapitel im 2. Buch Mose folgt, mit sozialem Verhalten zu tun, Beten und Fasten sind nicht erwähnt. »Such ihn zu erkennen auf all deinen Wegen!« (Spr. 3,6) drückt aus, wie in der jüdischen Tradition Spiritualität verstanden wird: *jeder* Aspekt des Lebens, nicht nur die Erfüllung »religiöser« Pflichten, sollte ein Medium der Hingabe an Gott sein. Wahre Spiritualität oder Frömmigkeit findet sich in alltäglichen sozialen Beziehungen genauso wie im Gebet, im religiösen Studium (Thora-Gelehrsamkeit) oder in asketischen Übungen.

Dennoch spielt das Gebet eine wesentliche Rolle im jüdischen Glauben und ist eine der wichtigen Formen, in der Spiritualität sich artikuliert. Auf gleicher, wenn nicht gar höherer Stufe steht das religiöse Studium, die Thora-Gelehrsamkeit. Beide zusammen ergeben die *Teschuwa* (»Buße«), die »Umkehr« zu Gott, der unsere Heimat ist.

Was ist ein Gebet?

Die Bibel überliefert uns zahllose Beispiele einzelner Gebete. Eins der schönsten ist Salomos Gebet zur Einweihung des Tempels (1. Kön. 8,22–25). Die Psalmen enthalten sowohl kollektive wie individuelle Gebete; man hat sie als Gebetsbuch des Zweiten Tempels bezeichnet. Viele von ihnen haben bis auf den heutigen Tag ihre Frische bewahrt und inspirieren nach wie vor den christlichen wie den jüdischen Gottesdienst.

Vielleicht finden wir in der Bibel kein explizites »Gebot« zu beten, weil das Gebet als normale menschliche Tätigkeit

Das Innere der Altneusynagoge in Prag, einer der ältesten aschkenasischen Synagogen Europas
(Foto: Karl Neubert)

gilt. Dennoch entdeckten die Rabbinen eins in den Worten des 5. Buches Mose (10,20): »Dem Herrn, deinem Gott [...] ihm sollst du dienen.« Denn Gebet ist »Dienst« – anders als der Dienst durch Opfer im Tempel ein »Dienst des Herzens«; der Vers lehrt uns, Gott durch unser tägliches Gebet zu dienen. Oder wie Maimonides (1138–1204) es ausdrückte: »ein Mensch [beiderlei Geschlechts] sollte Gott jeden Tag anrufen und zu ihm beten, die Lobpreisungen des Einen heiligen Gottes – gepriesen sei er! – verkünden und dann um das, was er braucht, bitten [...] und anschließend Gott Lob und Dank sagen für die guten Dinge, die er ihm geschenkt hat, einem jeden Menschen nach seiner Fähigkeit.«

In ihrer Erörterung des Gebets haben die Rabbinen des Talmuds den Begriff der *Kavana* (›Ausrichtung‹, ›Intention‹) oder Innerlichkeit eingeführt. Hannas Gebet um ein Kind (1. Sam. 1) war für sie der Prototyp eines aufrichtigen, spontanen Gebets. Von Hanna lernen wir, daß Beten ein inneres Engagement erfordert, eine Aktivität mehr des Herzens als der Lippen. Beten ist nicht bloß das Hersagen von Worten; es ist, mit den Worten der Psalmen, ein »Ausgießen der Seele«, ein »Schrei aus der Tiefe«.

Es gibt viele Stufen der *Kavana*. Der litauische Rabbi Chajim Soloweitschik (1853–1917) unterschied zwischen der *Kavana* im schlichten Sinn des Verstehens der gesprochenen Worte und der *Kavana* als der bewußten Wahrnehmung, daß Gott anwesend ist und wir uns an ihn wenden. Letzteres, so Soloweitschik, macht das Wesen des Gebets aus: wer bloß Worte spricht, und seien sie noch so bedeutungsvoll, ohne dieses tiefe Gefühl der Ehrfurcht und des Mysteriums, betet nicht.

Anrufung, Lobpreisung, Danksagung, Bitte (für einen selbst und für andere), Beichte und Bitte um Vergebung bestimmen den Inhalt des Gebets.

An wen richten sich Gebete? Die fünfte der *Dreizehn Grundlehren des Glaubens* von Maimonides (siehe Anhang,

S. 157) lautet: »Es geziemt sich, zum Schöpfer zu beten und zu keinem anderen Wesen sonst.« Er tadelt die Mystiker, die ihr Gebet gelegentlich an Engel oder Aspekte der Schechinah (göttliche Gegenwart) richteten statt ›direkt‹ an den unendlichen Schöpfer.

Das Buch Zohar, das krönende Werk der spanischen Kabbala (spätes 13. Jahrhundert), faßt das Gebet als eine Jakobsleiter auf, die Erde und Himmel verbindet:

> »Und wenn das Gebet das Firmament erreicht, öffnen sich die zwölf Tore des Firmaments, und über dem zwölften Tor wacht ein bestallter Engel, der große Heerscharen und viele Lager anführt. Und wenn das Gebet aufsteigt, erhebt sich dieser Engel und spricht zu jedem Tor die Worte: ›Ihr Tore, hebt euch nach oben‹ (Ps. 24), und alle Tore öffnen sich und das Gebet tritt ein durch sie.«

Die Engel im Himmel werden angerufen, Fürsprache einzulegen, es werden Schranken überwunden und die Unteren mit den Oberen Welten vereint.

Das Gebet ist seinem Wesen nach eine personale Kommunion zwischen dem Individuum und seinem oder ihrem Gott; es ist keineswegs an die Synagoge gebunden. Man kann die formalen Ordnungen der Liturgie, gleichgültig wo man sich befindet, sprechen. Doch das Gemeindegebet fügt eine wichtige Dimension der Spiritualität hinzu, da die *Schechinah* (göttliche Gegenwart) vom »Lager Israels«, der Versammlung der Gläubigen, abhängig ist. Wenn möglich, sollte man daher die formalen Ordnungen der Liturgie mit einem *Minjan* (Quorum) sprechen, der traditionell als die Zahl von zehn oder mehr männlichen Juden im Alter von 13 Jahren oder älter definiert ist. Besser, wenn auch nicht unbedingt erforderlich, ist es, in der Synagoge zu beten; noch besser aber in einem *Bet Midrasch* (Lehr- und Lernhaus), wo die Thora regelmäßig studiert wird und der daher größere Heiligkeit besitzt als ein Ort des ›bloßen‹ Gebets oder der öffentlichen Zusammenkunft.

Der Talmud berichtet zumindest von einem Beispiel, wo das Gebet einer Frau dem ihres Mannes überlegen ist. Allerdings verbannt der Talmud die Frauen in die ›Privatsphäre‹, so daß sie kein Quorum bilden können und auch nicht verpflichtet sind, zum Gebet einen öffentlichen Ort aufzusuchen. Bereits im 15. Jahrhundert entwickelten sich vermutlich die *Techines*, besondere Frauengebete auf jiddisch mit einer eigenen Spiritualität. Die nichtorthodoxen Strömungen der jüdischen Frömmigkeit (s. Kap. 7) haben die Frauen den Männern in der Synagoge mehr oder weniger gleichgestellt. Und nach dem Vorbild der normalen Gottesdienste sind seit den 1980er Jahren – wenn auch nicht unumstritten – orthodoxe Gottesdienste »nur für Frauen« entstanden.

Sind Gebete wirksam?

Haben Gebete eine Wirkung? Werden sie erhört? Für viele ging mit den bitteren Erfahrungen des Holocaust die traditionelle Vorstellung von einem ›interventionistischen‹ Gott zu Bruch: zu offensichtlich hatte Gott als Antwort auf die Gebete seines Volkes nicht eingegriffen und es vor der schrecklichen Katastrophe gerettet. Schon vor dem Holocaust waren manche durch wissenschaftliche und philosophische Argumente überzeugt worden, daß Gott entgegen der traditionellen Lehre nicht direkt in die menschlichen Angelegenheiten interveniert.

Dennoch glauben die Traditionalisten noch immer, Gott verändere als Reaktion auf Gebete die äußere Realität. Andere betonen die *indirekten* Wirkungen des Gebets: durch psychische Prozesse, unter anderem auch durch das Phänomen der ›sich selbst erfüllenden Prophezeiung‹, soll es äußere Ereignisse beeinflussen. Doch die Realität ist nicht so simpel. Selbst wenn der wissenschaftliche Nachweis nicht gelingt, daß Gebete die äußere Realität verändern, kann der Gläubige durchaus behaupten, er erfahre die Gegenwart Gottes in Ereignissen der Außenwelt.

Zweifellos verändert das Gebet die *innere* Realität des Betenden. Ja, *Tefilla*, das übliche hebräische Wort für ›Gebet‹, ist von einer Wurzel abgeleitet, die ›urteilen‹ bedeutet und folglich im weiteren Sinne auch ›Selbstprüfung‹ oder ›Introspektion‹ meint. Im Gebet gelangt man zu einem besseren Verständnis seiner selbst und entwickelt sich spirituell weiter. Viele halten diese Deutung des Gebets freilich für unangemessen. Abraham Joschua Heschel (1907–71) tat das Gebet als »religiösen Solipsismus« ab. Er stellte es auf eine Stufe mit schierer Autosuggestion und bezweifelte, ob es therapeutisch klug sei zu beten, ›als ob‹ Gott zuhören würde, und zugleich eben das zu bestreiten.

Die Liturgie

Der Psalmist betete am Tag siebenmal (Ps. 119,164), Daniel in Babylon dreimal (Dan. 6,11). Obgleich einige Forscher noch zögern, scheint es sicher, daß das jüdische Gebet – das gemeinsame wie das private, vom Tempelgottesdienst losgelöste – eine feste Institution war, lange bevor die Römer im Jahr 70 den Tempel zerstörten.

Doch erst um das Jahr 100 wurde der Versuch unternommen, die Gebetsordnung in Regeln zu fassen und zu definieren. Gamaliel II., das Haupt der Schule in Jawne bei Jerusalem und de facto der Führer der Juden, war der große Pionier der Liturgie. Um dieselbe Zeit formulierten auch die Christen die Elemente ihrer Liturgie. Möglicherweise sahen sowohl die jüdischen wie christlichen Führer in der Fixierung der Liturgie ein Instrument, ihren Glauben zu definieren und ›religiöse Korrektheit‹ unter ihren Anhängern zu fördern.

Wie dem auch sei, Gamaliels Liturgie hat bis auf den heutigen Tag die Form und einen Großteil des Inhalts des jüdischen – reformierten wie orthodoxen – Gebets bestimmt. Die synagogale Liturgie umfaßt drei tägliche Gottesdienste: *Maarib* (*Arabim*) am Abend, *Schacharit* am Morgen und *Mincha* am Nachmittag. Am Schabbat und an Feiertagen folgt auf *Schacharit* noch *Musaf* (»Zusätzlicher Gottesdienst«), und am Versöhnungstag auch *Nei'la* (das »Schließen der Tore«).

Die drei täglichen Gottesdienste

Maarib (*Arabim*)	abends
Schacharit	morgens
Mincha	nachmittags

Zwei Hauptgebete stehen im Mittelpunkt der Gottesdienste. Das eine ist das *Schmah* (Betonung auf dem *a*) *Jisrael* (»Höre Israel«), das aus drei Bibellesungen besteht, eingeleitet durch die Verkündung des Einen Gottes. Das andere ist die *Amida* (›Stehen‹) oder *Schemone Esreh* (›achtzehn‹, die ursprüngliche Zahl ihrer Abschnitte), bestehend aus Lobpreisung, Bitten und Danksagung.

Das *Schmah* wird im *Maarib* und *Schacharit* gesprochen, aber nicht im Nachmittagsgottesdienst; die *Amida* in allen dreien.

Gamaliel legte lediglich Anfang und Ende der Benediktionen fest, überließ es aber dem Vorbeter oder einzelnen Beter, über das festgesetzte Thema zu improvisieren. Seine Gebete waren kurz und in schlichtem Hebräisch, obgleich man auch im Dialekt beten durfte.

Öffentliche Thora-Lesungen waren zur Zeit Gamaliels II. bereits fester Brauch, doch es gab weder ein fixiertes Lektionar, noch führte er eines ein. Heute befolgen die Juden nahezu weltweit folgendes System: beginnend und endend mit dem Fest der *Simchat Thora* werden die fünf Bücher

Mose (Genesis, Exodus, Levitikus, Numeri und Deuteronomium) öffentlich in der Synagoge in einem jährlichen Zyklus von einer handschriftlichen Pergamentrolle, der *Sefer Torah*, rezitiert. Außerdem werden regelmäßig zahlreiche andere Texte aus den meisten Teilen der Bibel gelesen.

Die Haltung im Gebet

Die *Amida* wird leise, im Stehen, in einer ehrfürchtigen Haltung gesprochen, die Füße eng geschlossen, die Hände über dem Herz gefaltet, den Blick nach Jerusalem gewandt; an vier Stellen verbeugt man sich leicht. Nicht die korrekte Körperhaltung, sondern die Konzentration ist wesentlich für das Gebet. Bei Krankheit oder auf Reisen, wo das Stehen die Andacht stören würde, sitzt man; und wer zu aufgewühlt ist, um sich zu konzentrieren, sollte die vorgeschriebenen Gebete meiden.

Die Schule des Hillel hatte verfügt, das *Schmah* könne »in jeder Stellung, in der man sich befindet«, gesprochen werden – d. h., man sollte keine besondere Stellung einnehmen. Wer sich dem Einen Gott im ersten Vers anvertraut (»Höre Israel! Jahwe, unser Gott, Jahwe ist einzig«), sollte still sein, die Augen schließen und sie mit den Händen in tiefer Andacht bedecken. (Siehe Kasten S. 90).

Daniel (Dan. 6, 11) kniete zum Gebet nieder, und auch im Tempel kniete man nieder und streckte sich hin, eine heute bei den Juden nicht mehr übliche Praxis. Knien und Prostrationen in der Synagoge beschränken sich auf das *Alejnu*-Gebet im Zusätzlichen Gottesdienst für das Neujahrsfest und den Versöhnungstag sowie auf die Lesung des Tempelgebets am letzteren.

Der erste Abschnitt des Schmah (5. Mose 6,4–9)

»Höre, Israel! Jahwe, unser Gott, Jahwe ist einzig.

Gepriesen sei Sein Name, dessen ruhmreiches Königreich auf immer und ewig besteht.

Darum sollst du den Herrn, deinen Gott, lieben mit ganzem Herzen, mit ganzer Seele und mit ganzer Kraft. Diese Worte, auf die ich dich heute verpflichte, sollen auf deinem Herzen geschrieben stehen. Du sollst sie deinen Söhnen wiederholen. Du sollst von ihnen reden, wenn du zu Hause sitzt und wenn du auf die Straße gehst, wenn du dich schlafen legst und wenn du aufstehst. Du sollst sie als Zeichen um das Handgelenk binden. Sie sollen zum Schmuck auf deiner Stirn werden. Du sollst sie auf die Türpfosten deines Hauses und in deine Stadttore schreiben.«

Synagogale Poesie

Die hebräische liturgische Dichtung hat tiefe Wurzeln in der Bibel selbst – etwa in den Psalmen. Die palästinensische Schule der *Pijut* (das Wort ist von derselben griechischen Wurzel abgeleitet wie »Poet«) stand in Blüte vor der arabischen Eroberung Palästinas im 7. Jahrhundert. Der bekannteste ist Eleazar Qallir, dessen Dichtungen in der orthodoxen Liturgie noch immer eine herausragende Rolle spielen. Sein innovativer Stil verfügt über komplexe Reim-, Akrostichen- und Refrainmuster, wimmelt von Neologismen und seltsam anmutenden grammatischen Formen, obgleich wir bei ihm auch einfachere Schreibstile finden.

Es folgen zwei sehr unterschiedliche Beispiele der hebräischen liturgischen Dichtung. Zuerst eine *Selicha* oder Bußhymne, die der Dichter-Philosoph Salomo ibn Gabirol (Avicebron; 11. Jahrhundert) im muslimischen Spanien schrieb:

»Ich bin entsetzt und leide tiefe Pein.
Der Tag bringt meine Frechheit ans Licht –
Was soll ich meinem Gott sagen?
Ich bin einsam und sprachlos.
Wenn ich an meine Schuld denke –
Fühle ich Scham und bin verwirrt.
Meine Tage verstreichen nutzlos.
Wegen der Schande meiner Jugend
Finde ich keinen Frieden in mir. [...]
Wenn meine Sünde mich quält,
Beruhigt mich mein Geist:
›Wir wollen lieber dem Herrn in die Hände fallen‹
[vgl. 2. Sam. 24,14].
Wende dich ab von deinem Wohnsitz
Und öffne mir deine Tore,
Denn es gibt niemand neben dir.
O mein Fels, beschütze mich!
Befreie mich von meiner Sünde
Und lehre mich deine Thora. [...]
Vergib unsere Sünden
Und achte nicht (der Sünden) unserer Jugend,
denn unsere Tage sind nichts als ein Schatten.«

Betrachten wir als nächstes die ersten vier Verse und den Schlußvers des Gedichts »Lechah Dodi«, das der Kabbalist Salomo Alqabes um 1540 schrieb. Das Gedicht, das den Schabbat als Braut und Königin personifiziert,[1] wird heute in fast allen – orthodoxen wie reformierten – Riten im Freitagabendgottesdienst zur Einweihung des Schabbats gesungen. Es erinnert daran, daß der Schabbat selbst eine der größten spirituellen Erfahrungen des Judentums ist, die allen, Männern, Frauen und Kindern, offensteht.

1 *Schabbat* ist im Hebräischen feminin, *dodi* (›mein Freund‹) ist Gott; Gott und Israel empfangen den Schabbat. [Anm. des Übers.]

»Geh, mein Freund, der Braut entgegen,
Laß uns den Schabbat froh empfangen!
Verkündet hat der Eine Gott,
›Merke‹ und ›bewahre‹ als ein Wort:
Der Herr ist einzig und sein Name ist einzig;
Ruhm, Preis und Lob sei ihm!
Geh, mein Freund, [...]

Komm, laß uns der Schabbatbraut entgegeneilen,
Denn sie ist uns Quell des Segens,
Von Urbeginn, von Vorzeit her geweiht,
Der Schöpfung Ende, im Plan das Erste.
Geh, mein Freund, [...]

Hort des Königs, königliche Wohnung,
Steh auf von deinem Fall!
Allzu lang hast du im Tränental gewohnt.
Er wird sich deiner erbarmen!
Geh, mein Freund, [...]

Schüttle, mein Volk, ab den Staub,
Leg deine schönsten Kleider an,
Zieh ein in meine Seele,
Erlöse sie durch Jesses Sohn von Bethlehem!
Geh, mein Freund, [...]

Zieh ein in Frieden, Krone des Gatten,
Zieh ein in Freude und Jauchzen,
Inmitten der Getreuen des erwählten Volkes!
Zieh ein, o Braut, zieh ein, o Braut,
Geh, mein Freund, [...]

Über die Musik der antiken Zeiten ist wenig bekannt, obgleich einige Elemente im traditionellen Thora-Gesang und der älteren *Nusach*, der Rezitationsform für einige

David, die Harfe spielend (Terrakottatäfelchen)
(British Library)

der Gebete, erhalten sind. Irgendwann im Mittelalter entstand die Kunst des *Chassan* (das Wort selbst ist viel älter), des Vorbeters, dessen Aufgabe es ist, die öffentlichen Andachten auszuschmücken. Größere Synagogen rühmen sich heute sowohl eines professionellen *Chassan* wie eines Rabbis.

Salomone de' Rossi in Mantua führte den Vokalkontrapunkt der italienischen Renaissance in die synagogale Musik ein. Seit dem 18. Jahrhundert haben die Chassidim die osteuropäische Volksmusik in die Synagoge aufgenommen. Im 19. Jahrhundert führten der Österreicher Salomo Sulzer und der Deutsche Louis Lewandowski – der erste jüdische Student an der Königlich-Preußischen Akademie der Künste und erste synagogale Chorleiter in der Neuzeit – gemischten Chor, Orgel und einen Musikstil à la Mendelssohn-Bartholdy ein; die Orthodoxen lehnten den gemischten Chor und die Orgel ab. Im 20. Jahrhundert schrieben mehrere bedeutende jüdische Komponisten, unter ihnen Darius Milhaud und Ernest Bloch, Musik für die Synagoge.

Während die Synagoge stets ihre eigenen Traditionen pflegte, ist ihre Musik fortwährend von den Stilen und Vorlieben ihrer kulturellen Umwelt geprägt worden. So manches Detail der jüdischen Geschichte enträtselt sich für den musikalisch gebildeten Gläubigen schon beim Anhören der Melodien! In der Musik wie in der Architektur und Ornamentik entfaltet sich ein wesentlicher Teil der Spiritualität des jüdischen Glaubens.

Liebe zu Gott; Meditation, Kontemplation; Pietisten

Eine der verbreitetsten Halbwahrheiten über die jüdische Religion ist, daß sie keine ›religiösen Orden‹ wie die Mönchsorden der katholischen Kirche besitze. Gewiß, es gibt keine jüdischen Nonnen und Mönche. Doch es herrschte in all den Jahrhunderten kein Mangel an Trends, Strömungen und elitären ›Bünden‹, die sich spezifischen Formen der Spiritualität verschrieben haben.

Das rabbinische Judentum ist selbst aus einer solchen Bewegung hervorgegangen – der Bewegung der *Chaverim* (»Genossen«), die sich im 1. Jahrhundert zu religiösen Bünden zusammenschlossen. Sie propagierten die strengere

Einhaltung der Gesetze des Zehnten und der rituellen Reinheit. Und wie einige der Schriftrollen-Gruppen vom Toten Meer nahmen sie ihre Mahlzeiten zusammen in »Reinheit« ein statt in der Gegenwart Gottes im Tempel.

Dann gab es, vielleicht bereits im 3. Jahrhundert, die Zirkel der sogenannten »Triumphwagen«- oder »Hekalot«-Esoteriker, deren Hymnen den »Aufstieg zum Himmel« als höchste spirituelle Erfahrung feiern.

In Ägypten entwickelte sich im 12. Jahrhundert eine jüdische Sufi-Bewegung, die mystische Doktrinen mit spirituellen und asketischen Exerzitien verband. Abraham Maimonides' *Handbuch für die Diener Gottes* und Obadiah Maimonides' *Traktat über die Gemeinschaft*, zwei jüngst veröffentlichte Werke, haben diese Bewegung der *Chassidim* oder »Frommen« in ein neues Licht gerückt. Abraham war ein Sohn, Obadiah ein Enkel des Moses Maimonides.

Weit entfernt in Westeuropa entstand fast zur selben Zeit eine andere chassidische Bewegung, die der *aschkenasischen Chassidim* (»deutsch-jüdische Pietisten«), die Mystik und Martyrium stark betonten. Es folgen einige Verse aus der »Hymne zum Ruhme Gottes« des Jehudah he-Chasid, eines ihrer führenden Vertreter, in denen der mystische Durst nach Nähe zu Gott gelindert wird durch die philosophische Einsicht, daß niemand sein Wesen wirklich zu erfassen vermag:

»Süße Hymnen seien mein Gesang und Weblied,
Denn Du bist alles, wonach meine Seele sinnt:
Im Schatten Deiner Hand zu ruhen
Und all Dein Geheimnis zu verstehen.
Im Augenblick, wo Dein Ruhm auf meinen Lippen weilt,
Greift mir die Liebe zu Dir ans Herz [...]
Ich habe Dich nicht gesehen, doch singe Deinen Preis,
Noch Dich erkannt, doch künde Deine Wege,
Denn dunkel lehrst Du Deine Allmacht

Durch die mystische Rede Deiner Seher und Diener.
Und aus der Erhabenheit Deines Werks schöpfen
Sie auch das Maß Deiner inneren Größe.
Sie künden von Dir, doch nicht Dein wahres Wesen,
Denn aus Deinem Werk suchen sie Dich zu erfassen [...].«

Zu den späteren jüdischen ›spirituellen‹ Bewegungen zählen die Mystiker aus Zafat (Palästina) im 16. Jahrhundert, der ukrainische Chassidismus des 18. Jahrhunderts, in deren Nachfolge die heutigen Chassidim stehen, und die *Musar*-Bewegung des Israel Salanter, die großen Wert auf ethische Selbstprüfung legt.

Thora-Gelehrsamkeit

Das Studium der Thora ist die allgemeinste, zugänglichste und zugleich charakteristischste Ausprägung jüdischer Spiritualität. Von Jonathan, Sohn des Uziel, dem bedeutendsten Schüler des Hillel (frühes 1. Jahrhundert), wird erzählt, das Feuer seiner spirituellen Erregung sei so stark gewesen, wenn er über der Thora saß, daß ein Vogel, der ihm über den Kopf flog, in Flammen aufging. Auch heute noch sind die Worte der Thora von der gleichen Freude erfüllt wie an dem Tag, als Moses sie am Sinai empfing.

In der *Jeschiwa* (heute gibt es ähnliche »Lehrhäuser« auch für Frauen) werden die jungen Männer – die meisten fühlen sich *nicht* zum Rabbiner berufen – in das traditionell mit frommer Hingabe betriebene Thora-Studium eingeführt. Von der *Jeschiwa* strahlt das Ideal ins Leben der gewöhnlichen Leute aus, die *Schiurim* (Lektionen, Vorlesungen) besuchen – frühmorgens vor dem täglichen Gebet, spätabends nach der Arbeit oder wann immer sie tagsüber etwas Zeit ergattern können – und regelmäßig mit einem Freund studieren, was ihre Freundschaft durch ein spirituelles Band noch vertieft.

Beenden wir dieses Kapitel so, wie wir es begonnen haben, mit einer Geschichte: einer Reminiszenz von Joseph Dow Soloweitschik, einem der führenden orthodoxen jüdischen Denker des 20. Jahrhunderts, an seine Kindheit in Mitteleuropa:

»Ich erinnere mich, ich war ein Einzelgänger und hatte Angst vor der Welt, als ich jung war. [...] Alle schienen sich über mich lustig zu machen. Einen Freund aber hatte ich – lacht nicht – den Rambam [Maimonides]!

Der Rambam kam regelmäßig zu uns zu Besuch. [...]

Vater hielt seine Vorlesungen in der Diele im Haus meines Großvaters, wo man mein Bett aufgestellt hatte. Ich saß gewöhnlich auf meinem Bett und lauschte Vaters Worten, er sprach immer über den Rambam. [...] Er schlug die *Gemara* [Talmud] auf, las den zu untersuchenden Abschnitt und sagte [...]: ›So erklären ihn die Ri und die Tosafot; schauen wir jetzt beim Rambam nach, wie er ihn erklärt.‹ Und immer entdeckte er, daß der Rambam ihn anders erklärte, nicht so, wie der offensichtliche Wortsinn es nahelegte. Vater sagte [...], als würde er sich persönlich beim Rambam beschweren: ›Rabbenu Mosche, warum hast du das getan?‹ Alle waren still, um ihn nicht beim Nachdenken zu stören. Nach einer langen Pause hob er langsam den Kopf und begann: ›Meine Herren, laßt uns jetzt sehen ...‹

Ich verstand von dem Ganzen kein Wort, doch zwei Eindrücke prägten sich meinem unschuldigen jungen Hirn ein: (1) Der Rambam war umgeben von Widersachern und ›Feinden‹, die ihm schaden wollten; (2) Vater war sein einziger Verteidiger. Wer weiß, was ohne Vater mit ihm geschehen wäre? [...]

Verzweifelt ging ich dann zu meiner Mutter: ›Mutter, Papa kann den Rambam nicht erklären! Was sollen wir tun?‹ Mutter sagte: ›Vater wird eine Antwort für den Rambam finden. Und wenn er es nicht schafft, vielleicht wirst dann du, wenn du groß bist, eine Antwort für den Rambam finden. Hauptsache ist, daß du weiter die Thora studierst, Freude an ihr hast und sie dein Interesse weckt.‹ [...]

Das war kein glücklicher Tagtraum eines jungen Kindes. Es war eine psychische und historische Wirklichkeit, die sogar noch heute in den Tiefen meiner Seele lebendig ist. Wenn ich sitze und studiere, befinde ich mich sofort in Gesellschaft der Weisen der Tradition, und unsere Beziehung ist eine sehr persönliche. Der Rambam sitzt zu meiner Rechten, Rabbenu Tam zu meiner Linken, Raschi sitzt vor mir und erklärt, Rabbenu Tam schießt Fragen ab, Rambam entscheidet, Raawad kritisiert. Sie alle sind in meinem kleinen Zimmer anwesend [...] sehen mich liebevoll an, denken gemeinsam über die *Gemara* nach, unterstützen und ermutigen mich wie ein Vater.

Das Studium der Thora ist keine bloße didaktische Übung [...], sondern der machtvolle Ausdruck einer die Generationen verbindenden Liebe, eine Ehe der Geister, eine Vereinigung der Seelen. Jene, die die Thora weitergeben, treffen sich in einem Wirtshaus der Geschichte mit jenen, die sie empfangen.«

6
Die Gründung eines jüdischen Heims

Was geschieht, wenn man als frisch verheiratetes jüdisches Ehepaar ein Heim gründen möchte?

Hat jemand sich eine Hypothek aufgeladen und besitzt tatsächlich ein eigenes Haus oder eine eigene Wohnung, dann kann sich der zu den wenigen Glücklichen zählen – wenn man nämlich die jüdische Bevölkerung weltweit betrachtet und nicht die Minorität, die sich ein Leben in den attraktiveren Vororten von New York, London oder Johannesburg leisten kann. Viele Juden haben kein Dach überm Kopf oder leben eingezwängt in einem kleinen Raum im elterlichen Haus ohne jegliche Privatsphäre.

Wem das nichts ausmacht, der gehört zu dem nur allzu verbreiteten Typus des gleichgültigen Juden. Doch betrachtet werden soll in diesem Kapitel diejenige Art von Jude, der oder die, wenngleich nicht gerade heiligmäßig, so doch bereit und willens ist, das Leben an den Idealen der Thora auszurichten. Das ist nicht verbreitet, es ist aber auch nicht einzigartig.

Zedakah

Ist man also ein Idealist, so wird man sich Gedanken machen, wie man denen helfen könnte, die nicht so glücklich sind. So wird das Brautpaar oder seine Eltern – sehr wahrscheinlich am Hochzeitstag selbst – Almosen an die Bedürftigen verteilen. Die Großeltern, zumal wenn sie in irgendeinem osteuropäischen *Schtetl* lebten, luden einst die Armen des Orts zu den Feierlichkeiten und Festessen ein, was in einer ›zivilisierten‹ urbanen Gesellschaft allerdings nicht sehr praktikabel ist.

Verfügt das junge Paar sowohl über ein Einkommen und ein Heim, dann muß es eine angemessene Summe für die *Zedakah* (Wohltätigkeit) einkalkulieren. Ein Zehntel der Einkünfte sollte für karitative Zwecke reserviert werden. Die Idee des Zehnten stammt aus der Schrift. Die Bibel schreibt vor, daß die Bauern im Land Israel ein Zehntel ihres Viehs, ihrer Schafe und anderen Erzeugnisse für Priester und Leviten (die auf öffentliche Kosten lebten) und die Armen aufbewahren sollten. Nach dem Urteil des Ascher ben Jechiel, eines Deutschen, der im 13. Jahrhundert Oberrabiner von Barcelona wurde, wäre es nicht statthaft, wenn diejenigen, welche um ihrer Sünden willen verbannt wurden, dadurch wohlhabender würden. Daher sollte jeder heute, wo nicht mehr der Zehnte in Naturalien den Priestern und Leviten gegeben wird, zumindest ein Zehntel (manche sagen ein Fünftel) seiner Einkünfte für förderungswürdige Zwecke und bedürftige Menschen ausgeben.

Den »Zehnten« zu geben ist jedermanns Gewissen überlassen, es handelt sich dabei nicht um eine Steuer, die von der Gemeinschaft erhoben wird. Und mit der Exaktheit sollte man es auch nicht übertreiben. Es gibt Situationen, wo die öffentliche Not so groß ist, daß man mehr als ein Zehntel geben muß; umgekehrt gibt es Umstände, wo die Bedürfnisse der nächsten Angehörigen Priorität haben müssen. Jedenfalls macht es die heutige Fiskalpraxis schwierig, den »Zehnten vom Einkommen« zu ermitteln. Soll man ihn vor oder nach Steuern berechnen, und inwieweit werden die als Steuern erhobenen Summen für Projekte ausgegeben, die selbst als *Zedakah* gelten – Erziehung, Wohnungsbau und Gesundheit beispielsweise.

Wer sein Heim gründet, zerbricht sich über derlei subtile Fragen nicht den Kopf. Doch er wird bestrebt sein, sein Heim zu einer Basis für eine von der *Zedakah* geleiteten Lebensweise zu machen. Das bedeutet nicht einfach, daß man Geld spendet, sondern daß man Nächstenliebe im weitesten menschlichen Sinne übt – Gastfreundschaft gegenüber Gelehrten, Fremden und Notleidenden, Besuche bei Kranken – und sich ganz allgemein um das Wohlergehen anderer Menschen kümmert.

Mesuse

Jetzt, da man sein Gewissen beruhigt hat, kann man sich das Haus selbst ansehen. Im *Schmah Jisrael* (s. S. 90) steht der Satz: »Du sollst sie [Gottes Worte] auf die Türpfosten deines Hauses und in deine Stadttore schreiben.« Nach rabbinischer Interpretation heißt dies, die beiden Abschnitte aus dem Deuteronomium, die den Vers enthalten – d. h., die ersten beiden Abschnitte des *Schmah Jisrael* –, sollen mit Tinte auf Pergament geschrieben, in eine Kapsel gesteckt und am Türrahmen zumindest auf zwei Drittel Höhe (aber nicht in den oberen 30 Zentimetern), zur Rechten des Eintretenden, befestigt werden. Die Kapsel mit dem Pergament heißt *Mesuse*, was schlicht ›Türpfosten‹ bedeutet. Sie ist an der Haustür vieler jüdischer Häuser zu sehen, und in den Häusern der frömmeren orthodoxen Juden an allen Türen außer der des Badezimmers.

Was man nicht sieht, ohne danach zu fragen, weil sie wahrscheinlich nicht zur Schau gestellt werden, sind der *Tallit* und die *Tefillin*, die orthodoxe Männer zu besonderen Gebeten tragen. Der *Tallit*, manchmal auch als »Gebetsschal« bezeichnet, ist ein rechteckiges Tuch, möglichst aus Wolle, mit Fransen an allen vier Ecken (gemäß 4. Mose 15, 37–41). Er wird bei den Morgengebeten um die Schultern gelegt. Die *Tefillin* oder »Gebetskapseln« – »Phylakterien« ist keine Übersetzung, sondern stammt aus dem griechischen Wort für ›Beschützer‹, ›Amulett‹ – sind zwei an einem Riemen befestigte Lederkapseln. Sie enthalten die vier biblischen Texte, darunter auch die Anweisung: »Du sollst sie um deine Arme binden, und sie sollen ein Schmuck zwischen deinen Augen sein.« Zum Morgengebet an den

So werden *Tallit* und *Tefillin* getragen (oben: aschkenasischer Stil; unten: sephardischer Stil)

Wochentagen binden die Männer (selten – in konservativen und Reformgemeinden – Frauen) die eine Kapsel um den linken Arm gegenüber dem Herzen, die andere um die Stirn.

Man wird noch andere religiöse Gegenstände in einem jüdischen Heim erwarten. Die Kerzenleuchter für den Schabbat gehören dazu, die siebenarmige *Menora* oder *Chanukkija* für das Chanukkafest und eine Gewürzdose und ein Kerzenhalter für die *Hawdala*-Zeremonie, die den Schabbat und die Feste beschließt. Dann gibt es eine Fülle von Kelchgläsern und eine besondere Schüssel für den Pessach-Seder (s. S. 71), die nicht unbedingt vorgezeigt werden. Viele dieser Gegenstände sind kunstvolle Arbeiten, womöglich hochgeschätzte Familienerbstücke.

Bücher und Erziehung

Der Ausdruck »Volk des Buches« (der Bibel) stammt aus dem Koran, der ihn für Juden wie Christen, das »in der Bibel erwähnte« Volk, verwendet. Gemeint ist nicht »ein viele Bücher lesendes Volk«; doch wäre dem so, wäre es gleichwohl eine treffende Beschreibung der Juden. Die Bibliothek des neuen Heims enthält sicher *Siddurim* (Gebetbücher), *Mahzorim* (Festbücher), *Haggadot* (für das Pessachfest) und *Chumaschim* (Exemplare des Pentateuchs, der ersten fünf Bücher Mose, sehr wahrscheinlich mit Kommentaren, etwa denen des Raschi), die man gewöhnlich in der Schule, als Geschenke zur Bar (oder Bat) Mizwa oder gar zur Hochzeit erhält.

Ist man etwas gebildeter, besitzt man eine Reihe von vielleicht zwanzig schön gebundenen hebräischen Ausgaben des Babylonischen Talmuds sowie eine Auswahl anderer jüdischer Klassiker. Vermutlich ist Israel das einzige Land, wo Tageszeitungen um Leser werben können, indem sie ihnen kostenlose oder im Preis reduzierte Exemplare des Babylonischen Talmuds offerieren. Wer dort lebt, hat sein Exemplar vielleicht in einem Quiz oder einer Lotterie gewonnen.

Dies ist die »schwierige Materie«, die man um einige allgemeine jüdische Werke der Geschichte, Literatur oder des Humors und um Schallplatten, Tonbänder, CDs und Videos seiner jüdischen Lieblingsunterhaltung ergänzt hat, ganz zu schweigen von den Internet-Verbindungen mit jüdischen und israelischen Websites und der regelmäßigen Lektüre der jüdischen Lokalzeitung – lebt man in Großbritannien, ist es sehr wahrscheinlich der *Jewish Chronicle*, der sich selbst als »die führende jüdische Tageszeitung der Welt, gegründet 1841«, bezeichnet.

Die Bücher stehen nicht zur Dekoration im Regal. Man lädt den Rabbi oder Freunde regelmäßig zu sich nach Hause ein, um gemeinsam in *Schiurim* – Studiensitzungen – den Talmud, die Bibel oder irgendeinen traditionellen Text zu studieren. Dies ist der Höhepunkt der Woche – oder des Tages, wenn man eine tägliche Sitzung einrichten kann.

Wie wir im letzten Kapitel erfahren haben, ist das Studium der Thora einer der höchsten spirituellen Werte des Judaismus. Es ist zudem eine Quelle größter häuslicher Freude. Und nicht nur die Kinder oder eine Elite sollen die Thora studieren, sondern *ganz Israel*. So ist es eine der ermutigendsten Entwicklungen in der sonst überaus konservativen orthodoxen Szene, daß die Thora-Studienprogramme erweitert worden sind, so daß sie auch Frauen, deren Ausbildung man in der Vergangenheit in diesen Kreisen oft vernachlässigt oder gar mißbilligt hat, einbeziehen.

Koschere Ernährung

Immer mehr junge Juden werden Vegetarier, sei es aus Gesundheitsgründen, sei es aus Rücksicht auf das Wohl der Tiere. Manche suchen Belege dafür in der Bibel oder religiösen Überlieferungen – Adam und Eva waren Vegetarier.

Und wenn der Messias kommt, werden wir laut dem Rabbi, Staatsmann und Bibelkommentator Isaak Abrabanel (1437–1508) alle Vegetarier sein. (Seine Nachfolger übersehen geflissentlich seine weiteren Voraussagen: wir werden dann auch Anarchisten und Naturapostel sein und nicht mehr in Häusern leben.)

Doch angenommen, man bereitet pflanzliche und fleischliche Kost in der Küche zu, sie sei also zumindest soweit »omnivor«, wie es die »Gebote der Kaschrut«, d. h., die koschere Speisen betreffenden Thora-Gebote, gestatten. (Das Wort *koscher* oder *kascher* bedeutet schlicht ›in Ordnung‹, ›einwandfrei‹. Als Antonym benutzen die meisten Juden *trefa*.)

Als erstes ist zu beachten, welche Tiere, Vögel und Fische »erlaubt« sind. Listen finden sich in der Bibel, in 3. Mose 11,3; einige werden in 5. Mose 14 wiederholt. Gegessen werden dürfen alle Tiere, die gespaltene Klauen haben, Paarzeher sind und wiederkäuen – in der Praxis also Kuh, Schaf, Ziege und Reh, nicht aber Schwein, Kamel, Pferd oder Kaninchen. Auch für Vögel gibt es eine Liste der »verbotenen«, woraus folgt, daß alle anderen erlaubt sind. Da es unmöglich ist, die aufgeführten sicher zu bestimmen, erlauben uns die Rabbinen, nur traditionell als koscher geltende Vögel zu essen: Enten, Gänse, Tauben und Hausgeflügel. Fische mit Schuppen und Flossen sind erlaubt; ausgeschlossen sind also Muscheln und Krebse (Tintenfische, Schalentiere, Krabben usw.), aber auch Aale, Haie und einige andere, die nicht die ›richtigen‹ Schuppen haben. Gewisse Heuschreckenarten dürfen die essen, die traditionell darin geübt sind, sie sicher zu bestimmen.

Tiere und Vögel, auch die erlaubten, sind erst koscher, wenn sie nach der als *schechita* bezeichneten Methode geschlachtet wurden. Ein von einem Rabbi zugelassener *Schochet* (›Schächter‹) schneidet mit einem scharfen Messer in einem Zug Hauptschlagadern, Luft- und Speiseröhre durch, so daß die Bewußtlosigkeit praktisch sofort eintritt. Diese

Methode ist so ›menschlich‹ wie jede andere. Das restliche Blut wird entfernt, indem man das Fleisch wäscht, salzt und spült, eine Arbeit, die jahrhundertelang das Vorrecht der Hausfrau war, heute aber meist von einem koscheren Metzger oder Fleischlieferanten erledigt wird.

Da es verboten ist, Milch und Fleisch zu vermischen, besitzt ein streng koscherer Haushalt zweierlei Geräte und Geschirr für Zubereitung und Verzehr von Speisen: »fleischige« für Fleisch und Fleischartiges, »milchige« für Milch und nichttierische Speisen.

Nicht alle Juden befolgen die Kaschrut gleich streng. Einige Reformer lehnen das System insgesamt ab. Für sie ist das Judentum im wesentlichen eine Ethik, keine Diät; die Orthodoxen stimmen grundsätzlich zu, sehen aber keinen Grund, die Kaschrut aufzugeben. Dann gibt es solche, die kein Schweinefleisch, sonst aber alles essen, und solche, die kein nicht-koscheres Fleisch essen, aber die anderen Vorschriften ignorieren. Andere essen koscher zu Hause, aber nicht außerhalb; wieder andere essen nie nicht-koscheres Fleisch, es macht ihnen aber anscheinend nichts aus, daß Back- und Konditoreiwaren oft nicht-koschere Fette und Zusätze enthalten. Eine Minderheit hält sich an Beschränkungen bei Wein und Käse, auch wenn diese keine nicht-koscheren Ingredienzen enthalten. Ganz rechts im Spektrum stehen Leute, die eine Menge zusätzlicher ›Vorsichtsregeln‹ befolgen und vermutlich nur Speisen zu sich nehmen, die vollständig unter Aufsicht eines Rabbiners zubereitet wurden.

Gewohnheit, Familie und soziale Beziehungen sowie persönliches Temperament entscheiden, wo ein Individuum im Spektrum der Kaschrut steht. Wer einlädt oder eingeladen wird, tut gut daran, die Regeln explizit zu machen, die er oder sie befolgt; tauchen Zweifel auf, so fragt man nach.

Sexuelle und persönliche Beziehungen

Sowohl die Bibel wie der Talmud erlauben die Polygamie, obgleich sie in talmudischen Zeiten nicht mehr allgemeiner Brauch war. In Westeuropa untersagte um 1000 n. d. Z. Rabbi Gerschom von Mainz jedem Mann unter Androhung der Exkommunikation, sich mehr als eine Frau zu nehmen. In den meisten christlichen Ländern übernahmen die Juden rasch das Polygamieverbot, im Gegensatz zu den islamischen Ländern, wo Talmud und Koran jedem Mann zu – höchstens – vier Frauen rieten, sofern er ihre sexuellen und ökonomischen Bedürfnisse zu befriedigen vermochte.

Verboten sind sexuelle Beziehungen außerhalb der Ehe; es ist nicht klar, wann die gewohnheitsmäßige Praxis des Konkubinats aufhörte. Die Tatsache, daß etwas verboten ist, heißt nicht, daß es nicht stattfindet. In westlichen Ländern ist in jüdischen Kreisen (nichteheliches) ›Zusammenleben‹ häufig, und natürlich gibt es jüdische Ehebrecher und Hurer. Auch hinsichtlich Lebensstil und sexueller Orientierung besteht dieselbe Diskrepanz zwischen tradierten Regeln und heutiger Praxis. Einmütig verurteilen das biblische und talmudische Gesetz homosexuelle Praktiken, was freilich nicht verhindert hat, daß jüdische Schwulenvereine und zumindest eine Schwulen-Synagoge entstanden sind.

Für die gesetzestreue Minderheit indessen ist die sexuelle Aktivität sogar innerhalb der Ehe beschränkt. Einige Beschränkungen dienen der Wahrung des Anstands oder dem Schutz eines unwilligen Partners. Die wichtigste betrifft die sexuellen Beziehungen einer menstruierenden Frau (*Nidda*). Sie darf während der Menstruation und der anschließenden Reinigungsperiode von mindestens sieben Tagen keinen sexuellen Verkehr haben; am Ende des siebten Reinigungstags nimmt sie die *Mikwe*, ein rituelles Tauchbad. Die *Mikwe* ist eine Art Reinigungszeremonie, der sich auch – unter anderen – Priester im Tempel vor dem Gottesdienst oder Konvertiten beim Übertritt zum Judentum unterziehen. ›Taufe‹ ist lediglich die griechische Übersetzung des hebräischen *Tewila*, ›Tauchbad‹.

Die Ehe ist eine Beziehung gegenseitiger Liebe, Achtung und Hilfe. Sie wird auf Dauer geschlossen. Zwar hat das rabbinische Judentum gemäß der Hebräischen Schrift die Scheidung stets erlaubt, doch die Umstände, unter denen sie angemessen ist, sind viel diskutiert worden. Sobald die Ehe nach jüdischem Recht geschlossen ist, kann sie nur nach diesem Recht geschieden werden, wozu die Übermittlung eines *Get* (»Scheidungsbrief«) vom Ehemann an die Frau in Gegenwart von Zeugen erforderlich ist. Orthodoxe Frauen gerieten durch diese Bedingung oft in große Not, denn kaum etwas kann einen scheidungsunwilligen Ehemann zwingen, einem *Get* zuzustimmen. Und die rabbinischen Gerichte lösen eine Ehe nicht ohne weiteres auf. In jüngster Zeit sind Schritte zur Verbesserung der Situation unternommen worden, indem man unterschiedliche juristische Verfahren nutzt, wie sie in den einzelnen Ländern zur Verfügung stehen.

Die meisten traditionellen Gemeinschaften betonen die Bedeutung der Familie; sie sei es, in deren Schoß die traditionellen Werte am wirkungsvollsten ausgeprägt und vermittelt würden. Das Judentum bildet keine Ausnahme. Doch auch die jüdischen Familien in den westlichen Demokratien bleiben von den zerrüttenden Zwängen nicht verschont, denen die Familien anderer Gemeinschaften ausgesetzt sind. Auch sie sind heute nicht mehr so stark wie einst.

Andererseits drohen Fremde, Alleinlebende und Ungebundene an den Rand der Gesellschaft gedrängt zu werden, wenn die Familienwerte zu sehr dominieren. Offenbar war sich bereits vor zweieinhalbtausend Jahren der Deutero-Jesaja dieser Gefahr bewußt:

»Der Fremde, der sich dem Herrn aufgeschlossen hat, soll nicht sagen:
›Sicher wird der Herr mich ausschließen aus seinem Volk.‹

Der Verschnittene (Eunuch) soll nicht sagen:
›Ich bin nur ein dürrer Baum.‹
Denn so spricht der Herr:
›Den Verschnittenen, die meine Schabbate halten,
die gerne tun, was mir gefällt, und an meinem Bund
festhalten,
ihnen allen errichte ich in meinen Mauern ein Denkmal,
ich gebe ihnen einen [...] ewigen Namen, [...] der niemals
ausgetilgt wird.‹« (Jes. 56,3–5)

Viele jüdische Gemeinschaften haben noch einen weiten Weg zurückzulegen, bis Fremde, Alleinlebende und Ungebundene sich in ihnen so wohl fühlen, wie Jesaja es sich wünschte.

Lebenszyklus

Shakespeare sprach von »sieben Lebensaltern« des Menschen –: der »im Arm seiner Amme schreiende und spukkende« Säugling, der greinende Schuljunge, der Verliebte, der Soldat, der Richter, das sechste Alter, in dem er »zum dummen August in Pantoffeln abgemagert ist«, und schließlich, die »zweite Kindheit und gänzliches Vergessen« (*Wie es euch gefällt* II,7 V. 139–166).

Jüdische Soziologen identifizieren heute sieben Lebensphasen, die durch Übergangsriten gekennzeichnet sind. Sie sind nicht vom Shakespeareschen Typ noch entsprechen sie exakt den Lebensabschnitten, wie sie die jüdische Tradition ansetzt. Doch sie eignen sich für unsere Zwecke.

Geburt

Knaben: Beschneidung am achten Tag – religiöse Feier – uralte Tradition, die bis in die Zeit des Abraham zurückreicht.

Erstgeborene Knaben: zusätzliche »Erlösungs«-Zeremonie am dreißigsten Tag.

Mädchen: keine traditionelle Zeremonie, doch (a) die Mutter sucht die Synagoge zum Danksagungsgebet auf und/oder (b) der Säugling, zumal in Reformsynagogen, wird zur Segnung in die Synagoge gebracht.

Adoleszenz

Wenn ein Kind das hebräische Alphabet zu lernen beginnt, finden diverse Zeremonien nach Wahl statt – gegessen werden beispielsweise aus Honigkuchen hergestellte Buchstaben.

Die Jungen feiern Bar Mizwa mit 13 Jahren. Das ist eine besondere Zeremonie für jeden Jungen, er liest dabei aus der Thora in der Synagoge, gibt eine große Party und bekommt Geschenke.

Die Mädchen können mit 12 Jahren Bat Mizwa feiern – eine reformjüdische Zeremonie ähnlich der für Jungen. Orthodoxe Juden haben erst in jüngster Zeit begonnen, Bat Mitzwa öffentlich anzuzeigen, meist mit einer kollektiven Zeremonie für Mädchen eines Jahrgangs plus individuellen Parties. Viele Orthodoxe ziehen »Bat Chajil« der Bat Mizwa vor. Wie die Konfirmation findet Bat Chajil im späteren Alter statt und erst nachdem ein vorgeschriebener Studiengang zufriedenstellend absolviert worden ist.

Heirat

Vom Standpunkt des jüdischen Rechts besteht eine Heirat aus zwei verschiedenen Akten. Zunächst findet eine *Kidduschin* (Verlobung) statt. In Gegenwart von Zeugen überreicht der Bräutigam der Braut einen Gegenstand (heute einen Trauring) und spricht den Satz: »Durch diesen Ring bist du mir angelobt nach dem Gesetz des Moses und Israels.« Die Braut selbst braucht nichts zu sagen, da ihr Schweigen als Einwilligung gilt. Zwei Benediktionen werden rezitiert, und gemeinsam wird ein Becher Wein getrunken.

Jüdische Braut im Jemen

Dann folgt *Nissuin*, die eigentliche Eheschließung. Braut und Bräutigam stehen unter der *Chuppa* (Traubaldachin), die das neue Heim symbolisiert, sieben Benediktionen werden rezitiert, und wieder trinken beide einen Becher Wein. Das Paar wird gesegnet, und der Bräutigam zertritt ein Glas, um auch am Tag seiner höchsten Freude an die Zerstörung Jerusalems zu erinnern. Dann läßt man in Gegenwart von Zeugen Braut und Bräutigam eine Weile allein.

Manche feiern ihre Hochzeit schlicht und einfach, andere in großer Gesellschaft und mit Blumen, in Hochzeitskleidern und Morgenanzügen, die Eltern führen das Brautpaar zur Chuppa, Reden werden gehalten und Segenswünsche gesprochen, und man singt und tanzt und feiert – ja das Feiern währt volle sieben Tage und sieben Nächte. Bei den

Chassidim und den rechts der Mitte stehenden Orthodoxen bleiben die Geschlechter die ganze Zeit über getrennt.

Bei den Reformjuden sind Braut und Bräutigam einander gleichgestellt, beide tauschen Ringe und vielleicht auch Versprechen aus, man verzichtet auf die kurze Zeit des Alleinseins und feiert nur am Hochzeitstag selbst und nicht an den folgenden Tagen.

Es existiert eine ungeheure Vielfalt an Sitten und Bräuchen bei Orthodoxen und Reformern, bei westlichen und orientalischen Juden. In der Musik reicht die Bandbreite vom Tanzsaal bis zur Klezmerkapelle, von Pop bis Klassik; manche haben sich sogar von einem Gamben-Ensemble unterhalten lassen, aber die meisten finden das zu ruhig.

Elternschaft

Moses, König David oder der Philosoph Platon vermochten die Kunst der Kindererziehung nicht zu lehren. Wohlmeinende Eltern werden in den Gemeinschaftszentren der Synagogen von Fachleuten geschult. Kinder sind jedoch zäh und werden trotz solcher Schulung erwachsen.

Mittleres Alter

Erst in jüngster Zeit – mit der gestiegenen Lebenserwartung – haben die Soziologen begonnen, das mittlere Alter und seine Krisen als ein eigenes Stadium der menschlichen Entwicklung – oder Desintegration – zu begreifen. Geeignete Übergangsriten müssen erst noch gefunden werden.

Hohes Alter

Das Ideal ist es, durch Lebenserfahrungen weise geworden zu sein und von den unreifen Menschen, die sich noch durch die früheren Stadien kämpfen, bewundert und geachtet zu werden. Es gilt für Frauen genauso wie für Männer.

Manchmal geht es in Erfüllung. Unangenehmerweise aber sieht die Realität oft mehr wie Shakespeares »zweite Kindheit und gänzliches Vergessen, ohne Zähne, Geschmack und alles« aus.

Tod

Die orthodoxen Juden kennen nur die Erdbestattung, die Reformjuden auch die Verbrennung.

Die nahen Verwandten (Gatten, Eltern, Geschwister, Kinder) zerreißen auf dem Friedhof ein Teil der Oberkleidung. Zu Hause angekommen, ziehen sie die Schuhe aus und »sitzen *schiwa*«, d. h., sie sitzen auf dem Boden oder auf niedrigen Schemeln, sprechen täglich Gebete und werden von Freunden besucht, die sie trösten. Obgleich *schiwa* ›sieben‹ bedeutet, womit die siebentägige Trauerzeit gemeint ist, begnügen sich die weniger Frommen mit einem Tag. Andere kümmern sich um die materiellen Bedürfnisse der Trauernden, etwa die Zubereitung der Mahlzeiten.

Daran schließt sich, vom Zeitpunkt der Beerdigung an gerechnet, eine weniger intensive Trauerperiode von dreißig Tagen; Kinder trauern um ihre Eltern zwölf Monate. Danach begeht man die *Jahrzeit*, das jährliche Gedenken an den Toten. Während der ersten elf Monate und einmal jährlich zur *Jahrzeit* rezitieren die nächsten Verwandten in der Synagoge das *Kaddisch* – kein Gedenkgebet, sondern eine Doxologie (Lobpreisung).

Sowohl Reform- wie orthodoxe Theologen haben für den Glauben an ein Leben nach dem Tod plädiert. Ging früher die Debatte darüber, ob es nur das Weiterleben der »Seele« einschließt oder auch irgendeine Form der physischen Auferstehung, so findet sie heute auf einer breiteren Basis statt, und es melden sich auch Stimmen zu Wort, für welche die Rede vom Leben nach dem Tod nur eine Metapher für Nachruhm oder Wirkung über den Tod hinaus ist.

7

Hinaus aus dem Ghetto, hinein in den Sturm

In den vorigen Kapiteln sind uns verschiedene jüdische ›Strömungen‹ – sie sehen sich nicht gern als ›Sekten‹ bezeichnet – begegnet, Orthodoxe etwa und Reformer. Warum gibt es überhaupt solche Schismen? Und wie sind sie entstanden? Gibt es nicht die eine ›authentische‹ jüdische Lebensform, die Moses vor Jahrtausenden vom Berg Sinai mitgebracht hatte? Um diese Fragen zu beantworten, müssen wir ein wenig in die Geschichte zurückgehen.

Leider ist es uns nicht möglich, zu irgendeiner ›reinen, authentischen‹, von Moses überbrachten Thora zurückzukehren. Sowohl in der jüdischen wie in der christlichen Tradition ist man überzeugt, es habe sie gegeben; in der jüdischen Tradition ist man zudem überzeugt, sie sei von den Rabbinen in ihrer ursprünglichen Form bewahrt worden. Letztlich ist das eine Glaubensfrage. Niemand vermag den Text einer solchen Thora zu rekonstruieren, und die Historiker können nicht verbindlich sagen, wann alle Juden einmütig eine monolithische jüdische Lebensform als die ›authentische‹ akzeptierten. In Kapitel 2, wo wir untersuchten, wie es zur Spaltung zwischen Juden- und Christentum kam, haben wir gesehen, daß bereits im 1. Jahrhundert mehrere Formen der jüdischen Frömmigkeit nebeneinander existierten und jede für sich beanspruchte, die authentische Thora zu sein. Etwas Ähnliches reklamierte auch das Christentum für sich: Jesus sei der »Vollender« der Thora, und die Christen repräsentierten das »wahre Israel«.

Wie steht es mit dem Mittelalter, dem »Zeitalter des Glaubens«, als alle dieselben Überzeugungen teilten und denselben Regeln folgten? Diese Vorstellung vom Mittelalter ist naiv. Die mittelalterliche Gesellschaft war autoritär und repressiv. Wer damals andere Ansichten hegte als die

Autoritäten, behielt sie für sich. Wer sie nicht für sich behalten konnte, war zumindest vorsichtig: er hüllte sie in eine mystische Sprache oder berief sich auf eine »wahre, verborgene Tradition«, etwa die »hermetische«. Unter der Oberfläche wurde mehr in Frage gestellt als gemeinhin angenommen. Zwar konnten nur die Karaiten sich als jüdische Sekte im Mittelalter etablieren und entfalten (selbstredend hielten sie das »rabbanitische« Judentum für die »Sekte« und ihre eigene Religion für den wahren, ursprünglichen jüdischen Glauben), doch sind wir heute im Rückblick in der Lage, Spuren von vielen Dissidenten zu erkennen, denen es nicht gelang, sich Gehör zu verschaffen.

Die Römische Kirche besaß in der abendländischen Christenheit die Macht in geistlichen Fragen. Zur Sicherung der Konformität in Lehre und Praxis bediente sie sich nicht ungern des »weltlichen Arms«, der staatlichen Autoritäten und ihrer Armeen. Die Römische Kirche bestimmte, was »Häresie« war, und unterdrückte sie streng. So befahl Papst Innozenz III. den bewaffneten Kreuzzug gegen die Albigenser, der sie brutal unterdrückte und ganze Landstriche Südfrankreichs entvölkerte.

Die Juden hatten weder einen Papst noch Armeen, noch griffen sie – mit seltenen Ausnahmen – zu den grausamen physischen Strafen und Foltermethoden, die ihre Umgebung regelmäßig praktizierte. Indessen waren sie genauso wachsam gegenüber allem, was nach Häresie roch. Die Gemeindevorsteher übten nicht durch physische Repression Macht aus, sondern durch den *Cherem*, einen alle dreißig Tage erneuerbaren Exkommunikationsbann, der den Gehorsam sowohl gegen das Zivil- und Strafrecht wie gegen das Religionsgesetz erzwang. Eine Exkommunikation hatte für die soziale und ökonomische Existenz jedes Juden einschneidende Folgen. Von seiner Gemeinde ausgestoßen und keiner Gruppe mehr zugehörig, war es ihm unmöglich, in irgendeiner Form seinen Lebensunterhalt zu verdienen, noch gab es für ihn einen Platz in der Gesellschaft.

Mit den Mauern des Ghettos brach auch dieses System der Gemeindedisziplin (oder kollektiven Unterdrückung) zusammen. Als im 18. Jahrhundert in einigen westlichen Ländern eine große Zahl von Juden allmählich die Bürgerrechte erlangte, kam den traditionellen Gemeindeältesten und Rabbinen die Kontrolle über den Lebensstil der jüdischen Massen abhanden. Fragen und abweichende Meinungen ließen sich nicht länger unterdrücken. Rasch griffen die Juden die Ideen der Aufklärung – bürgerliche Freiheiten, Toleranz und Individualismus –, aber auch die modische Verachtung des »Aberglaubens« auf. Und vielen erschien die traditionelle Gemeinschaft samt ihren Institutionen mehr und mehr als obskurantistisch, veraltet, abergläubisch.

Moses Mendelssohn (s. S. 62–64), der sein ganzes Leben ein frommer Jude blieb, interpretierte das Judentum radikal neu, um es der Weltanschauung der Aufklärung anzupassen. Viele, unter ihnen auch Mendelssohns eigene Kinder – sein Enkel, der berühmte Komponist Felix Mendelssohn Bartholdy, war der Sohn getaufter Eltern – nahmen die Taufe an, nicht weil sie von der Wahrheit oder Überlegenheit der christlichen Religion überzeugt waren, sondern weil die Taufe, wie es ein anderer getaufter Jude, der Dichter Heinrich Heine, ausdrückte, die Eintrittskarte zur »Kultur« und kultivierten Gesellschaft war.

Gegen Ende des 18. Jahrhunderts boten sich den westeuropäischen Juden, zumal den deutschen und französischen, drei Optionen. Sie konnten sich zur Assimilation entschließen. Sie konnten sich abschotten, ihre Traditionen unverändert konservieren, wenngleich ihnen soziale Entfremdung, Spott und sehr wahrscheinlich der Verlust der harterrungenen Bürgerrechte drohte. Die dritte Alternative war, sich zu ändern, das Judentum durch die Reinigung von abergläubischen und veralteten Elementen zu »modernisieren«, (schließlich versuchten sich die Christen an derselben Aufgabe), kurz, gesellschaftliche Anerkennung zu gewinnen, ohne die jüdische Identität preiszugeben. Aus dieser dritten

Option ging das Reformjudentum hervor. Dieses verstand sich anfangs nicht als Sonderweg. Erst als die vorgeschlagenen Reformen auf die Ablehnung der Traditionalisten stießen, war die »Reform« als eigene Bewegung geboren, und erst jetzt hängte man all denen, die sich einem grundlegenden Wandel widersetzten, das Etikett »Orthodoxe« an.

Reformjudentum

Die frühen deutschen Reformer im 19. Jahrhundert suchten den synagogalen Gottesdienst zu erneuern, der schöner und erbaulicher werden sollte. Alte Zöpfe wurden abgeschnitten und Gebete und eine wöchentliche Predigt in der Landessprache, Musik für gemischten Chor und Orgel, aber auch neue Zeremonien wie die Konfirmation eingeführt. Dank der französischen Besetzung von Westfalen bot sich Israel Jacobson in Seesen 1810 die Gelegenheit, den ersten auf diese Prinzipien gegründeten Reform-Tempel zu erbauen, doch der französische Rückzug machte dem Experiment ein Ende. Die orthodoxe Opposition in Berlin ließ den Reformern nur einen wöchentlichen Gottesdienst in Jacobsons eigenem Haus zu. Der erste Reform-Tempel entstand daher 1818 in Hamburg.

Entfacht von der lautstarken orthodoxen Opposition gegen die Reformer in Hamburg, deckte die Kontroverse bald die theologischen Streitpunkte auf, die den unterschiedlichen Positionen zur Liturgiereform zugrunde lagen. Strittig war vor allem die Autorität des Talmuds und der rabbinischen Exegese. Versuchten die Reformer zunächst, sich durch Berufung auf überlieferte Autoritäten zu rechtfertigen, so wurde bald deutlich, daß sie sich nicht an traditionelle Normen und Formulierungen der jüdischen Religionsausübung gebunden fühlten. So verzichteten sie auf Gebete für die Ankunft eines persönlichen Messias und machten sich die historisch-kritische Methode der Auslegung religiöser jüdischer Texte, einschließlich der Bibel, zu eigen.

Aus dem Disput über solche Streitfragen ging der theologische Begriff der »fortschreitenden Offenbarung« hervor. Vielleicht waren die alten biblischen Gesetze (ganz zu schweigen vom rabbinischen Gesetz), wie Spinoza behauptet hatte, das »Rechtssystem« des antiken hebräischen Gemeinwesens, das in einer modernen Gesellschaft, in der neue ethische, moralische und spirituelle Werte »offenbart« wurden, nicht mehr anwendbar war. Das Christentum hatte demnach den jüdischen Glauben keineswegs überwunden; richtig interpretiert war dieser selbst stets eine Religion der Spiritualität gewesen und konnte heute sogar das Fortschreiten der Offenbarung demonstrieren. Dieses Verständnis der Reform fand zunehmend Rückhalt, als »Fortschritt« und »Evolution« zu Schlagworten des 19. Jahrhunderts avancierten.

Die Reform breitete sich rasch in ganz Deutschland aus – und von da nach Österreich, Ungarn, Frankreich, Dänemark und Großbritannien. Am 27. Januar 1842 wurde die »West London Synagogue« eingeweiht, obgleich die Gründer keineswegs beabsichtigten, eine eigene Reformbewegung ins Leben zu rufen. In den USA war 1824 eine »Reformed Society of Israelites« in Charleston im Staat South Carolina gegründet worden. Sie forderte nicht nur Revisionen an der Liturgie, sondern übernahm auch die dreizehn Glaubensgrundsätze des Maimonides (s. Anhang, S. 157), allerdings ohne die Artikel über das Kommen des Messias und die physische Auferstehung (Zyniker haben dieses Vorgehen verglichen mit der feierlichen Übernahme der Zehn Gebote bis auf die beiden, die einem unbequem erscheinen). Im späteren 19. Jahrhundert wurde die Reformbewegung unter Führung von Isaac M. Wise zu einer starken Kraft im amerikanischen Judentum. 1875 entstand in Cincinnati das »Hebrew Union College«, das bis heute die geistige Heimat der Reformbewegung geblieben ist. Ihre klassischen Formulierungen, die »Programme« von Philadelphia 1860 (siehe den vollständigen Text im Anhang, S. 158) und Pittsburg 1885, waren ebenfalls die Frucht amerikanischer Bemühungen.

Gegen Ende des 19. Jahrhunderts zeigte sich, daß die Prämisse der Reformbewegung, wonach die Gesellschaft und Kultur sich immer mehr den universalistischen Aufklärungsidealen näherten und die ganze Menschheit, die Juden inbegriffen, einen ununterbrochenen »messianischen« Fortschritt erlebte, von der Realität zusehends widerlegt wurde. Nicht nur hatte ein neuer, säkularer, rassischer Antisemitismus Wurzeln geschlagen, sondern selbst liberale christliche Theologen hielten weiterhin an einem Gegensatz zwischen Evangelium und mosaischem Gesetz, Neuem und Altem Testament, Spiritualität und Gesetzesfrömmigkeit fest – und das in einer Weise, die ihre These, das Christentum habe den jüdischen Glauben überwunden, belegen sollte. In ihrer Antwort pochten die Reformer noch stärker auf die ethische und spirituelle Dimension des Judentums, eine Position, die der neukantianische Philosoph Hermann Cohen sehr klar vertrat. Für ihn war der jüdische Glaube »ethischer Monismus« und die messianische Idee eine ständige Reaktion auf das Göttliche, eine Aufforderung, uns der nie endenden Aufgabe der moralischen Vervollkommnung zu stellen: der Messianismus wurde so zum Instrument einer fortlaufenden Gesellschaftskritik. In seinem späteren Werk wurde sich Cohen wieder der Bedeutung des Schabbats und anderer religiöser Institutionen, aber auch der spezifischen Berufung Israels, bewußt.

Die Reformer standen der zionistischen Bewegung, wenn nicht feindselig, so doch fremd gegenüber, da sie für Universalismus und Akkulturation an die ›Gast‹-Gesellschaften plädierten. Doch ihre Haltung änderte sich noch vor der Gründung des Staates Israel, als nationalistische Konflikte, ein tiefverwurzelter Antisemitismus und der aufkommende Faschismus in Deutschland und anderswo die universalisti-

Moderner Reform-Tempel: Beth Shalom in Elkins Park (Pennsylvania), nach einem Entwurf von Frank Lloyd Wright. Die amerikanischen Reformjuden bezeichnen die Synagoge als »Tempel«

(Foto: Frank Lloyd Wright Foundation)

schen Ideale im »aufgeklärten« Europa aushöhlten. Eindeutiger als frühere öffentliche Erklärungen der Reformer war das »Columbus-Programm« von 1937 bestrebt, zwischen den universalistischen und partikularistischen Aspekten des Judentums zu vermitteln. Es sprach sich auch für die »Wiederherstellung von Palästina« aus.

Im »San-Francisco-Programm« von 1976 spiegeln sich die Auswirkungen des Holocaust und der Gründung des Staates Israel. Aus ihm spricht weniger Vertrauen auf menschlichen Fortschritt, es äußert sich weniger klar über

Gott, dafür zeigt es Verständnis für die in Reformkreisen entwickelte »Bundes-Theologie«, würdigt Leben und Ritus der jüdischen Heimat stärker und auch die Stellung Israels im jüdischen Leben.

Die Liturgie ist stets ein zentrales Anliegen der Reformer gewesen. Neuere Gebetbücher sind stark geprägt von Reflexionen über den Holocaust, den Staat Israel und das Erfordernis einer ›inklusivistischen‹, alle Juden einbeziehenden Sprache. Das Hebräische hat seine herausgehobene Stellung wiedergewonnen, die moderne Psychologie und Anthropologie haben den Wert des Ritus und der ethnischen Identität wieder aufgezeigt.

In dem Hamburger Tempel von 1818 gab es keine Mauer, die Frauen und Männer trennte, und gerade die Frauen profitierten von vielen der Liturgiereformen. Dennoch waren sie auf eine Empore verbannt und konnten nicht zum Vorlesen der Thora aufgerufen werden. Erst im 20. Jahrhundert wurden große Fortschritte in der Gleichstellung der Frauen erzielt. Die erste innerhalb der Reformbewegung ordinierte Frau – und somit die erste Rabbinerin überhaupt – war Regina Jonas, die für kurze Zeit ein Rabbinat bekleidete, ehe sie im Holocaust starb. Sie erhielt am 27. Dezember 1935 im Auftrag des »Liberalen Rabbinerverbands« in Deutschland vom Rabbiner Max Dienemann die Ordination. Zwar hat die »Central Conference of American Rabbis« (CCAR) Ende der 1950er Jahre, einigen protestantischen Sekten folgend, das Prinzip der Frauenordination gebilligt, doch erst 1972 erhielt Sally Priesand als erste Frau die Ordination vom Hebrew Union College in Cincinnati.

Die Reformbewegung hat, zumal in den USA, auch das traditionelle jüdische Personenstandsrecht verändert. Viele Reformrabbiner sind jetzt darauf vorbereitet, Trauungszeremonien für »Mischehen« – Ehen, bei denen nur ein Partner Jude ist – vorzunehmen. 1983 hat die CCAR (Reform) erklärt, ein Kind solle als jüdisch gelten, wenn »ein Elternteil« – also nicht, wie im traditionellen Judentum, ausschließlich die Mutter – jüdisch sei. Ziel dieser Änderung war die Gleichstellung der Geschlechter; in diesem Punkt vertritt das »Liberal Movement« in Großbritannien dieselbe Position wie die CCAR. In den 1990er Jahren ist in Reformkreisen auch viel über die Haltung gegenüber »alternativen Lebensstilen« debattiert worden. Einige haben inzwischen »Ehen« zwischen Personen des gleichen Geschlechts sanktioniert.

Etwa 35 Prozent der amerikanischen Juden und 15 Prozent der »British Synagogue« sind Anhänger des Reformjudentums; in anderen Ländern, einschließlich denen der früheren Sowjetunion, liegen die Prozentzahlen niedriger. Wiewohl es auch in Israel aktiv ist, bleibt ihm die offizielle Anerkennung versagt; reformierte Ehen und Konversionen werden vom Staat nicht vollständig anerkannt.

Während die Juden in den meisten Ländern »liberal« und »reformiert« synonym gebrauchen, bezeichnet *Liberal* in Großbritannien die von Lily Montague und Claude Montefiore 1909 gegründete Bewegung, die sich vom Reformjudentum durch eine radikalere Einstellung gegenüber Tradition und Ritus unterscheidet; das britische Reformjudentum dagegen steht der konservativen Position näher.

Orthodoxes Judentum

Deutsche Reformer haben 1807 ihre traditionalistischen Gegner mit dem Etikett »orthodox« belegt. Aber es läßt sich nicht anders denn als pauschaler Begriff für alle »zurückgebliebenen« Strömungen des traditionellen Judentums definieren, nachdem Reformer und Konservative Organisationen mit spezifischen Programmen schufen, die sich in irgendeiner Form kritisch vom traditionellen Judentum, wie es gemeinhin verstanden wurde, distanzierten.

Zweifellos umfaßt die heutige Orthodoxie zahlreiche, durchaus heterogene Strömungen. So gehören ihr eine Vielzahl chassidischer Sekten an, obgleich der Chassidismus selbst anfangs als abweichlerisch und »reformistisch« galt, da er die mystische Meditation und die Freude am Gottesdienst förderte. Die *Mitnaggedim*, die Gegner der Chassidim, zählen ebenfalls dazu, deren Judentum sich am tiefsten und eindrucksvollsten in den litauischen *Jeschiwot* (Talmud-Seminare) entfaltet, die besonderen Wert auf das intensive Studium der *Halacha* (Gesetzestexte des Talmuds) und anderer rabbinischer Literatur legen.

Eine weitere Variante bildet die »Neo-« oder »zentristische« Orthodoxie. Sie strebt eine praktische Synthese zwischen Tradition und Allgemeinkultur an und steht darin in der Nachfolge des deutschen Rabbiners Samson Raphael Hirsch (1808–88), der für eine »Thora vereint mit weltlicher Bildung« plädierte. Und die *Musar*-Bewegung des Israel Salanter (1810–83) hat in ganz betonter Weise personale Ethik und religiöse Disziplin verknüpft, wie sie in der Person des Maschgia Ruchani, des Dekans der *Jeschiwa*, verkörpert ist, dessen Aufgabe es ist, die Schüler zu Selbstkritik und spirituellem Wachstum anzuleiten.

Dann gibt es die verschiedenen »regionalen« Richtungen, die die jüdische Orthodoxie in der Praxis geformt haben, ohne ihre Strukturen in irgendeiner Hinsicht radikal zu verändern. Das aschkenasische – »deutsche«, d. h. nordeuropäische – und sephardische – »spanische«, d. h. südeuropäische, nordafrikanische und vorderorientalische – Judentum haben ihre je eigenen, oft in der Lokalkultur verwurzelten Bräuche, die das vielfältige Erscheinungsbild der heutigen Orthodoxie prägen. Gelegentlich gibt es Reibungen; so haben sich in Israel sephardische Führer manchmal beklagt, daß den Aschkenasim privilegierter Zugang zu staatlichen Stellen gewährt werde. Doch allen ist klar, daß derlei Querelen eher einen kulturellen als religiösen Hintergrund haben.

Trotz all dieser Unterschiede haben orthodoxe Führer versucht, Orthodoxie – oder das, was sie lieber das »authentische« oder »thoratreue« Judentum nennen – zu definieren.

Während die einen betonen, für die orthodoxen Juden sei die *Halacha* (das jüdische Religionsgesetz) verbindlich, halten die anderen den Glauben an die *Thora min ha-Schamajim*, die göttliche Offenbarung der Thora am Sinai, für das Charakteristikum der Orthodoxie. Beides ist sehr problematisch. Zunächst weicht jeder, der das Judentum vom Glaubenssystem her definiert, selbst von der Tradition ab, obgleich es dafür Präzedenzfälle, etwa in den Werken des Maimonides, gibt. Leider aber bedarf diese Doktrin der Neuinterpretation im Licht der modernen Forschung. Interpretiert man sie in ihrer naiven mittelalterlichen Version, würde sie ein großer Teil derer, die sich selbst als Orthodoxe bezeichnen, ablehnen; versteht man sie aber in irgendeiner anderen Form, würden viele nichtorthodoxe Juden darauf bestehen, daß sie auch daran glauben.

Es ist daher wohl klüger, auf eine Definition der jüdischen Glaubenspraxis zu verzichten, und einfach die Organisationen aufzuzählen, die sich als orthodox bezeichnen. Dabei ist zu beachten, daß die Bindung an diese Organisationen von ihren Mitgliedern sehr flexibel interpretiert wird.

In Israel ist die Orthodoxie die einzige offiziell anerkannte Form des jüdischen Glaubens; sie beansprucht für ihre Rabbiner das Monopol des Ehevertrags und der Bestimmung des Personenstands für Juden. In jüngster Zeit sind allerdings Fortschritte in der Anerkennung nichtorthodoxer Ehen erzielt worden. Weltweit betrachtet ist, von Nordamerika abgesehen, die große Mehrzahl der religiösen Juden nominell orthodox, wiewohl ihr Glaube oder ihre Praktiken auf der privaten Ebene dem Reformjudentum näher stehen.

Trotz der Aktivitäten und des Einflusses des »Israel Chief Rabbinate«, der »Konferenz Europäischer Rabbiner«, des »Rabbinical Council of America« und ähnlicher Gremien verfügt die Orthodoxie über keine zentrale Instanz. Unabhängige »Thora-Weise«, die für ihr Wissen und ihre Frömmigkeit bekannt sind, haben großen Einfluß auf Entscheidungen bezüglich der *Halacha.* Sie reichen von Fragen des Ritus bis zur Führung von Krieg und Frieden, von der medizinischen Ethik und zivilrechtlichen Fragen bis zum Frauenstatus. Vorausgesetzt ist dabei stets, daß die Gesetze der Thora göttlichen Ursprungs und ewig gültig sind und in jeder Generation von ihren Weisen ausgelegt werden müssen (für Beispiele siehe Kapitel 9).

Konservatives Judentum

War der Deutsche Zacharias Frankel (1801–75) der ideologische Vater des konservativen Judentums, so hat Solomon Schechter (1850–1915) am amerikanischen »Jewish Theological Seminary« die Bewegung geschaffen. Für die konservativen Juden steht die *Halacha* im Zentrum. Anders aber als die Orthodoxen sind sie eher bereit, ihre Vorschriften im Licht sich wandelnder sozialer und ökonomischer Verhältnisse zu modifizieren, zumal nach ihrer Ansicht das Judentum in seinen vitalsten Perioden nicht nur sein Ethos im Kern bewahrt, sondern auch in fruchtbarem Austausch mit seiner kulturellen Umwelt gestanden hat. Und was die Gestalt und Autorschaft der biblischen und anderen Quellendokumente betrifft, akzeptieren sie die Ergebnisse der modernen historisch-kritischen Forschung.

Als eine Mehrheit 1983 für die Frauenordination votierte, waren einzelne führende Rabbiner der Ansicht, dies sprenge die Grenzen der *Halacha.* Sie spalteten sich ab und gründeten schließlich die »Union for Traditional Judaism«.

Besonders stark ist das konservative Judentum in den USA, wo es wohl die größte einzelne jüdische »Konfession« bildet. Erst später hat es sich in Israel und Großbritannien, wo es unter seinem hebräischen Namen »Masorti« geläufig ist, etabliert, aber inzwischen viele Anhänger gewonnen. Es hat auch anderswo Fuß gefaßt, obgleich sich nur in Nordamerika nahezu ein Drittel der synagogentreuen Juden zu ihm bekennt.

Rekonstruktionistisches Judentum

Ausgehend von der Philosophie von Mordechai M. Koplan (1881–1983) und auf Betreiben des 1968 gegründeten »Reconstructionist Rabbinical College« fordern die Rekonstruktionisten eine Neubewertung des Judentums im Licht des Denkens und der Gesellschaft der Gegenwart – einschließlich so fundamentaler Begriffe wie Gott, Israel und Thora sowie von Institutionen wie der Synagoge. Die Rekonstruktionisten konstituieren sich durch die gemeinschaftliche *Chawura*, in der der Rabbiner eher als Ratgeber denn als Führer fungiert und Entscheidungen im Konsens getroffen werden. Seit Gründung der Bewegung sind die Frauen den Männern gleichgestellt, und seit 1968 werden Personen mit nur einem jüdischen Elternteil als Juden akzeptiert. Obgleich es nur wenige organisierte Gruppen außerhalb der USA und Israels gibt, hat das rekonstruktionistische Denken andere Strömungen stark beeinflußt.

8
Das Judentum im 20. Jahrhundert

Keine Religion ist im 20. Jahrhundert ungeschoren davongekommen. Fragen hinsichtlich der Wahrheit und ›Authentizität‹ der heiligen Texte, die seit der frühen Neuzeit gestellt werden, sind durch neue wissenschaftliche Entdeckungen und die historische Kritik aktuell geblieben. Die zunehmende Säkularisierung von Staat und Gesellschaft im Westen hat die Macht der religiösen Autoritäten geschwächt. Die Werte der Menschen haben sich gewandelt. Das Streben nach gleichen und universellen Menschenrechten ohne Ansehen von Rasse, Hautfarbe, Geschlecht oder Religion erscheint als wichtig; weder als wichtig noch als erfüllbar erscheint das Streben nach der korrekten Glaubenslehre. Und als selbstverständlich gilt die Freiheit des einzelnen, seine eigenen Wege, auch in sexuellen Dingen, zu gehen, solange er dabei niemandem Schaden zufügt.

In Scharen liefen den organisierten Religionen die Menschen davon. Einige taten dies, weil sie ihnen intellektuell unhaltbar, eine größere Zahl, weil sie ihnen emotional unbefriedigend erschienen, die meisten aber, weil die moralischen Forderungen der Religionen ihre persönliche Freiheit, die sie für ein grundlegendes Menschenrecht halten, einschränken.

Wenn das abendländische Christentum am stärksten von dieser Entwicklung betroffen ist, so ist es dem abendländischen Judentum kaum anders ergangen, denn beide haben ihre Heimat in den Ländern, in denen die Wiege der Moderne und Aufklärung stand.

Andererseits haben die Religionen sich als langlebiger und zäher erwiesen, als die Humanisten vor einem Jahrhundert glaubten. Selbst in der Sowjetunion haben siebzig Jahre atheistischer Propaganda und Religionsverachtung nicht vermocht, das religiöse Gefühl auszurotten. In der jüdischen Welt nahm man weithin an, der Chassidismus würde in der ersten Hälfte des 20. Jahrhunderts aussterben und andere Formen der Orthodoxie würden ihm bald folgen. Indessen erlebte der Chassidismus in der zweiten Hälfte des Jahrhunderts eine Renaissance, es gelangen ihm beachtliche Einbrüche in andere orthodoxe Gemeinschaften, und die *Baal-Teschuwa*-Bewegung – »wiedergeborene« Juden, die ihre religiösen Wurzeln entdecken – hat erheblich an Boden gewonnen.

Der jüdische Glaube war denselben Zwängen – intellektuellen, sozialen und moralischen – unterworfen wie andere Religionen und hat ähnlich auf sie reagiert. Indessen fand sich das Weltjudentum im Zentrum zweier Ereignisse des 20. Jahrhunderts, die es in singulärer Weise ›trafen‹. Das eine ist das Trauma der Schoah oder des Holocaust – die systematische Erniedrigung und Vernichtung von etwa sechs Millionen Juden in Mitteleuropa in den Jahren 1933–44. Das andere ist die Gründung des israelischen Staates.

Wir wollen in diesem Kapitel einen kurzen Blick auf vier Bereiche werfen, in denen sich das jüdische Denken im 20. Jahrhundert weiterentwickelt hat.

Zionismus, Religion und der Staat Israel

Der Zionismus – die Idee der Rückkehr des Volkes Israel ins Land Israel – hat zweifellos ihre Wurzeln in der Bibel: ein Prophet nach dem anderen versichert den Exilierten in Babylon, daß ihnen ihr Land wiedergegeben wird. David Ben Gurion, der 1948 erster Premierminister des neuen Staates wurde, erklärte 1937 in seiner Zeugenaussage vor der »Peel Commission«, als Großbritannien noch das Mandat des Völkerbundes über Palästina ausübte: »Nicht das Mandat ist unsere Bibel, sondern die Bibel ist unser Mandat.«

Israel/Palästina

Politische Geschichte seit der Eroberung Jerusalems durch die Römer 70 n. d. Z.

Die Bibel bestimmt Grenzen auf beiden Seiten des Jordans, allerdings ist es unmöglich, den Grenzverlauf eindeutig zu fixieren. Auch der Name »Palästina« wird für Gebiete beiderseits des Flusses verwendet. Das heutige Israel umfaßt etwa ein Neuntel des biblischen Landes; den Rest bilden Jordanien, die »besetzten Territorien« (heute unter palästinensischer Selbstverwaltung) und Teile des Libanon und Syriens.

seit 70	Direkte römische Herrschaft
seit um 395	Byzantinische Herrschaft
614–627	Jüdische Herrschaft unter den Persern
um 638–1072	Arabische Herrschaft
1072	Herrschaft der Seltschuken
1099–1291	Herrschaft der Kreuzritter (mit Unterbrechungen)
1291–1516	Herrschaft der Mameluken
1517–1917	Ottomanisch-türkische Herrschaft
1920 (1922)–1948	Britische Verwaltung unter dem Mandat des Völkerbunds
29. Nov. 1947	Aufgrund einer Resolution der Vereinten Nationen wird Palästina in einen jüdischen und einen arabischen Staat geteilt, die unabhängig, aber ökonomisch verbunden sind. Jerusalem wird unter internationale Aufsicht gestellt. Die Teilung wird von den Juden akzeptiert, die Araber aber lehnen sie ab
14. Mai 1948	Der jüdische Nationalrat ruft den unabhängigen Staat Israel aus
15. Mai 1948	Das britische Mandat erlischt; fünf arabische Armeen marschieren in Israel ein und lösen den »Unabhängigkeitskrieg« aus
1956	Suez-Krieg

1967	Sechs-Tage-Krieg, provoziert durch die ägyptische Blockade des israelischen Zugangs zum Toten Meer. Israel besiegt mehrere arabische Armeen, vereint wieder die beiden Teile Jerusalems und besetzt die Sinai-Halbinsel, die West Bank, den Gaza-Streifen und die Golan-Höhen (syrisches Territorium)
1969–70	»Abnützungskrieg« gegen Israel
Oktober 1973	Der fünfte (»Jom-Kippur«) arabisch-israelische Krieg
26. März 1979	Ägyptisch-israelischer Friedensvertrag in Washington unterzeichnet
April 1982	Israel gibt die Sinai-Halbinsel offiziell an Ägypten zurück
Juni 1982	Israel beginnt einen Krieg gegen PLO-Stützpunkte im Libanon und richtet schließlich eine »Sicherheitszone« im Südlibanon ein
Dezember 1987	Die palästinensische »Intifada« (Aufstand) gegen die israelische Besetzung des Gaza-Streifens und der West Bank beginnt
1993	Abkommen zwischen Israel und den Palästinensern in Oslo, das den Weg zur palästinensischen Selbstverwaltung ebnet
Oktober 1994	Friedensvertrag zwischen Israel und Jordanien
Oktober 1995	Interimsabkommen (»Oslo II«) zwischen Israel und den Palästinensern unterzeichnet

Ben Gurion war bei all seiner Liebe zur Bibel ein säkularer Zionist. Die Haltung jüdischer Theologen gegenüber dem modernen politischen Zionismus ist bis heute ambivalent. Einige, etwa Raw Kook (Abraham Isaak Kook, 1865–1935), der erste Oberrabbiner von Palästina in der Neuzeit, gehörten zu seinen Hauptarchitekten. Sie sehen das heutige

Israel, wenn nicht als Erfüllung, so doch als den Anfang der Erfüllung der biblischen Prophetie. Andere, wie die *Chassidim* von Sotmar, behaupten, erst ein unter dem Messias errichteter und gemäß der Thora regierter Staat könne die Erfüllung der Prophetie sein; das heutige Israel erfülle aber dieses Kriterium nicht.

Viele Juden, auch die säkularen, sehen Israel als Erfüllung der »nationalen« Bestrebungen des jüdischen Volkes. Nach Jahrtausenden des Minderheitsstatus, der Entfremdung von den Gastgesellschaften und oft faktisch daran gehindert, volle Bürger der Länder zu werden, in denen sie lebten, haben sie das Gefühl, endlich »nach Hause« gekommen zu sein und ihr Schicksal in den Schranken, die einem souveränen Staat gesetzt sind, selbst bestimmen zu können. Israel gilt ihnen als Zufluchtsort für verfolgte Juden: Hätte Israel in den Jahren des Holocaust existiert, hätten die Juden gewußt, wohin sie sich wenden konnten. Hinzu kommt, daß Israel die Möglichkeit bietet, ein erfülltes jüdisches Leben zu leben, frei von den Hemmungen und Beschränkungen des Minderheitsstatus.

Da die Juden seit fast 2000 Jahren nie politische Unabhängigkeit und Macht kannten, auch nicht in den prägenden Jahren des rabbinischen Judentums, müssen die Theologen bis heute Lösungen für eine Fülle von Problemen in den Beziehungen zwischen Religion und Staat finden, die in der Praxis früher nie aufgetaucht waren.

Es gibt im heutigen Israel viele lebhafte Debatten.

Inwieweit darf man von der Allgemeinheit zu Recht fordern, daß sie religiöse Normen einhält? Wann gehen die Gesetze eines demokratisch gewählten Parlaments in religiösen Zwang über?

Sollen Ehen weiterhin vor religiösen Gerichten geschlossen werden oder sollte es auch eine profane Eheregistrierung geben?

Welche Konsequenzen hat die rechtliche Gleichstellung von religiösen Minderheiten, einschließlich der »Dissiden-

Der Status quo

Israels Rechtsordnung ist im wesentlichen eine säkulare Schöpfung, ein Erbe aus der Zeit des britischen Mandats. Israel hat keine geschriebene Verfassung, und die Beziehungen zwischen Staat und ›Kirche‹ basieren auf einem Status quo mit vier Elementen:

1. Die nationalen öffentlichen Ferientage sind der jüdische Schabbat und die jüdischen Feiertage.
2. Koschere Speisen sind in öffentlichen Institutionen die Norm.
3. Der Personenstand (Ehe, Scheidung und einige Aspekte des Erbschaftsrechts) unterliegen der Gerichtsbarkeit der rabbinischen Gerichte. (Der Personenstand von Nichtjuden wird durch deren eigene religiöse Gerichte oder Tribunale geregelt.)
4. Die staatlichen Schulen gehören entweder der national-säkularen oder der national-religiösen Richtung an. (Wiederum verfügen andere Religionsgemeinschaften über ihre eigenen Institutionen.)

In einem von der Knesset am 23. Juli 1980 ratifizierten Gesetz heißt es: »Wenn ein Gericht erkennt, daß eine Frage, die eine Entscheidung erheischt, sich nicht durch Bezugnahme auf einen Erlaß, einen juristischen Präzedenzfall oder per Analogie beantworten läßt, soll es den Fall im Licht der aus dem Erbe Israels entlehnten Prinzipien der Freiheit, Gerechtigkeit, Gleichheit und des Friedens entscheiden.«

ten« des eigenen Glaubens? Vor allem aber, warum haben reformierte und konservative Rabbiner nicht das Recht, Ehen zu schließen, sondern nur die orthodoxen Rabbiner oder christliche und muslimische Geistliche?

Wie soll man strittige Themen wie Abtreibung, medizinische Experimente und Autopsien behandeln, bei denen das traditionelle jüdische Recht strenge Beschränkungen vorsieht?

Wie sollen die äußeren Beziehungen zu andersgläubigen Ländern gestaltet werden?

Gibt es so etwas wie einen »gerechten Krieg«, und wenn ja, unter welchen Bedingungen ist man dazu verpflichtet? Aus dieser Debatte ging der Begriff des *Tohar Ha-Nescheq* (»Reinheit der Waffen«) hervor, der unter anderem verlangt, daß die kämpfenden Truppen besondere Risiken eingehen, um Schaden von der Zivilbevölkerung abzuwenden und die feindlichen Verluste zu minimieren.

In welcher Form und unter welchen Bedingungen soll man Waffen oder auch Hilfsgüter an andere Länder liefern?

Sind alle Juden verpflichtet, im Land Israel zu leben?

Die Israelis lesen die Bibel und die rabbinische Literatur als Teil der Geschichte ihres Volkes, selbst wenn sie persönlich nicht religiös sind. Das gemeinsame Erbe der säkularen und religiösen Juden hat die Debatte eher zugespitzt als entspannt, denn die Säkularen und die Religiösen lesen dies Erbe sehr verschieden. Zyniker haben bemerkt, wenn es die wegen der militärischen Verteidigung geforderte Kooperation nicht gäbe, würden die Kontroversen zwischen den Religiösen und Säkularen das Land zerreißen. Niemand kann das genau wissen, doch die Spannungen sind ohne Zweifel groß.

Theologie des Holocaust

Eine spezifische Theologie des Holocaust entwickelte sich in den siebziger Jahren dieses Jahrhunderts, doch die Grundlagen der jüdischen Haltung gegenüber dem Bösen und dem Leiden liegen in der Bibel und sind bis heute ein konstantes Thema der jüdischen Theologie.

Das Prinzip des *Kiddusch Haschem* (Heiligung des Namens Gottes) verpflichtet jeden Juden, eher sein Leben zu

Juden auf ihrer letzten Reise nach Auschwitz. Vielleicht hat man ihnen gesagt, sie würden in ein »Ferienlager« fahren; in Wahrheit waren sie unterwegs in die größte und erbarmungsloseste Todesfabrik der Geschichte

(Foto: AKG, London)

opfern als an einem Mord, einer unmoralischen Handlung oder einem Götzenkult teilzunehmen. Es ist bemerkenswert, wie viele Juden, selbst unter den extremen Bedingungen der Schoah, sich ein hohes Maß an moralischer Integrität zu bewahren vermochten und gemäß der *Halacha*

(Religionsgesetz) jegliche Zusammenarbeit mit ihren Unterdrückern verweigerten. Sie legten Zeugnis ab für ihren Gott und ihren Glauben. Andere waren weniger standhaft; alle waren Opfer, nicht alle waren Märtyrer.

Rabbi Ephraim Oschry überlebte den Holocaust im Ghetto von Kowno in Litauen. Dort kamen die Leute zu ihm mit ihren Fragen. Die Fragen und Antworten hielt er auf heimlich von Zementsäcken abgerissenen Papierfetzen fest, die er in Blechdosen versteckte und nach dem Krieg wieder hervorholte:

> »Das tägliche Leben des Ghettos, die Nahrung, die wir aßen, die überfüllten Quartiere, die wir teilten, die Lumpen an unseren Füßen, die Läuse auf unserer Haut, die Beziehungen zwischen Männern und Frauen – all das war in den Details der Fragen enthalten [...].«

Als Überschriften wählte er unter anderem: »Zum Zerreißen einer Thora-Rolle gezwungene Juden«, »Thora-Lesung am Schabbat für Sklavenarbeiter«, »Wie man sich mit einer Taufurkunde rettet«, »Empfängnisverhütungsmittel im Ghetto«, »Der reumütige Kapo«. Es folgen eine kurze Frage und Antwort, um zu verdeutlichen, wie das traditionelle Verfahren der *Halacha* dem Leben und Tod der Opfer einen geheiligten Sinn verlieh.

> »Wir Juden des Ghettos von Kowno [...] wurden von den Deutschen versklavt; wurden Tag und Nacht unaufhörlich zur Arbeit angetrieben; wurden ausgehungert und bekamen keinen Lohn. Der deutsche Feind verfügte unsere völlige Auslöschung. Die meisten starben. War es also richtig, den üblichen Segen in der Morgenandacht zu sprechen und Gott zu danken, ›der mich nicht zum Sklaven gemacht hat‹?
>
> Oschry erwiderte: ›Einer der frühesten Kommentatoren der Gebete macht darauf aufmerksam, daß dieser Segen Gott nicht für unsere physische Freiheit, son-

dern für unsere geistige Freiheit lobpreisen soll. Ich habe daher entschieden, daß wir diesen Segen unter keinen Umständen weglassen dürfen. Vielmehr waren wir trotz unserer physischen Gefangenschaft noch mehr verpflichtet denn je, den Segen zu sprechen, um unseren Feinden zu zeigen, daß wir als Volk geistig frei waren.‹«

Die Stringenz traditioneller Erklärungen des Leidens hängt nicht nur vom Vorhandensein eines starken Schuldgefühls ab, sondern auch vom Glauben an ein Leben nach dem Tod. Dieser Glaube, gleichgültig ob als physische Auferstehung, als ewiges Leben des Geistes oder als irgendeine Kombination beider verstanden, ist nach wie vor zentral in der orthodoxen Lehre. Manche Juden, vielleicht beeinflußt von der Kabbala, haben zum Reinkarnationsgedanken gegriffen, um das Leiden offensichtlich Unschuldiger, etwa von Kindern, zu erklären.

Einige sehen im Holocaust das gerechte Urteil Gottes über Israels Verrat am Bund der Thora, wie er sich im Abfall vom Glauben, in der Assimilation und Reformbewegung zeige. Die meisten Juden halten derlei Überlegungen für eine Beleidigung sowohl der Toten wie der Überlebenden.

»Es ist über jeden Zweifel deutlich, daß der geheiligte Eine Gott der Herrscher über das Universum ist, und wir müssen das Urteil mit Liebe annehmen.« Diese Worte des ungarischen Rabbi Schmuel David Ungar drücken exakt den schlichten Glauben der Menschen aus, welche die Gaskammern mit dem *Ani Ma'amin* (das von Maimonides formulierte Glaubensbekenntnis) oder dem *Schmah Israel* (5. Mose 6,4–9: »Gott ist einzig, und Israel soll ihn lieben und seinen Geboten gehorchen«) auf den Lippen betraten. Was geschah, ging über ihr Verständnis, doch ihr Glaube triumphierte über das Böse, und sie waren bereit, in der überlieferten Form »den Namen Gottes zu heiligen« – *Kid-*

Fakten des Holocaust

Viele verwenden eher das hebräische Wort *Schoah* (›Vernichtung‹) für den Genozid der Nazis an den Juden, weil es weniger theologisch ›belastet‹ ist als das Wort »Holocaust«.

Gleich nach seiner Machtergreifung 1933 begann Hitler damit, antijüdische Gesetze zu erlassen, wie er es versprochen hatte. Jede Person mit einem oder mehreren jüdischen Großeltern galt von da an als Mitglied der jüdischen Rasse. Bücher jüdischer Autoren wurden verbrannt, jüdische Geschäfte boykottiert, und die Juden von akademischen Berufen ausgeschlossen. Durch die »Nürnberger Gesetze« von 1935, die später auf Österreich und die Tschechoslowakei ausgedehnt wurden, verloren die Juden ihre Bürgerrechte. In der Pogromnacht vom 9. auf den 10. November 1938 wurden Synagogen angezündet, jüdische Geschäfte geplündert und Tausende Juden in Konzentrationslager geschickt.

Nach dem Überfall auf Polen wurden die Juden in Ghettos gesperrt; viele wurden dort ermordet, andere überlebten die entsetzlichen Verhältnisse nicht.

In einer Villa am Berliner Wannsee fiel 1941 die Entscheidung zur »Endlösung«, der physischen Vernichtung aller Juden. Vernichtungslager entstanden in Auschwitz, Bergen-Belsen und andernorts in Mitteleuropa, in welche die Juden unter unmenschlichen Bedingungen transportiert wurden, um dort, meist durch Vergasung, getötet und anschließend verbrannt zu werden. Kräftige Juden wurden, bevor sie getötet wurden, zur Zwangsarbeit unter Sklavenbedingungen herangezogen. Vor der Tötung wurden sie systematisch gedemütigt und erniedrigt. Insgesamt starben etwa sechs Millionen Juden, vermutlich zwei Drittel der europäischen Juden und ein Drittel der jüdischen Weltbevölkerung.

Es starben auch andere; doch nur die Juden und vielleicht einige Sinti-Gruppen wurden aus rein »rassischen« Gründen zur völligen Vernichtung bestimmt.

dusch Haschem. Noch im Abgrund der Vernichtung priesen sie Gottes Liebe.

Die orthodoxen Opfer der Schoah waren oft durchdrungen von einem Gefühl des Apokalyptischen: sie glaubten, an den Ereignissen teilzuhaben, die den Messias und die endgültige Erlösung ankündigen. Und dieses Gefühl ist seitdem noch stärker geworden. Religiöse Zionisten deuten die Schoah und den Konflikt, der sich um die Entstehung des Staates Israel entzündete, als »Geburtswehen des Messias«.

Eine wichtige Rolle spielt hier die Vorstellung eines »verborgenen« Gottes, vielleicht weil sie ihre volle Entfaltung bei den Mystikern (Kabbalisten) fand. Sie verbindet sich mit der midraschischen Gottesvorstellung oder, genauer, der *Schechina*: Gott ist mit Israel »im Exil«, denn »ich bin bei ihm in der Not« (Ps. 91,15).

Elie Wiesel ist wohl der bekannteste und am leichtesten zugängliche Autor über die Schoah. Seine Geschichten sind eine »Schoah-Exegese in erzählender Form«. In der Geschichte *Die Pforten des Waldes* wird die Frage: »Wo ist Gott?« beantwortet, indem auf ein jüdisches Kind gezeigt wird, das am Galgen hängt. Das Leiden soll zur Erlösung führen. In seinem Theaterstück *Der Prozeß von Schamgorod* entlädt sich ein großer Zorn gegen Gott; Gott selbst wird vor Gericht gestellt, doch am Ende, nachdem er schuldig gesprochen wurde, erheben sich die »Richter« und sagen: »Laßt uns jetzt beten!«

Richard Rubenstein zog aus Reflexionen über die Schoah den Schluß, daß die traditionelle Vorstellung von Gott als dem »Herrn der Geschichte« unhaltbar sei: Gott habe einfach nicht eingegriffen, um seine Getreuen zu retten. Wiewohl er den Vorwurf des Atheismus zurückweist, fordert er Christen wie Juden nachdrücklich auf, sich nichttheistische, auf heidnischen oder asiatischen Vorbildern basierende Religionsformen zu eigen zu machen, und entdeckt in der Symbolik des Tempelopfers reiche spirituelle Anregungen.

Emil Fackenheim gründet seine Theologie auf den faktischen Widerstand der Opfer der Schoah, denen keine realistische Hoffnung blieb: »Ein philosophischer Tikkun (›Wiederherstellung‹, ›Wiederaufrichtung‹) ist nach dem Holocaust möglich, weil ein philosophischer Tikkun, und sei er noch so fragmentarisch, während des Holocaust selbst bereits stattgefunden hat.« Wesentlich für diesen Prozeß sei die Wiedergeburt Israels und ein neuer konstruktiver Dialog mit einem selbstkritischen Christentum. Bekannt wurde Fackenheim auch durch seine Forderung, es sollte zusätzlich zu den 613 Geboten der Tradition ein 614. geben: zu überleben als Juden, uns zu erinnern, nie an Gott zu verzweifeln, damit wir Hitler nicht doch noch postum den Sieg überlassen.

J. D. Soloweitschik hat eine poetischere und mehr traditionelle Auffassung von Gott und der Geschichte: »Inmitten der Nacht des Schreckens, [...] einer Nacht des verborgenen Gottes, [...] der Zweifel und des Abfalls vom Glauben, [...] klopfte es an der Tür, das Klopfen des Geliebten. [...] Es begannen sieben große Umschwünge im jüdischen Leben, sieben Wunder – politisch, militärisch, kulturell, theologisch, der Wert des Lebens, die Staatlichkeit und die neue Fruchtbarkeit des Landes Israel.«

Überraschenderweise sind die Antworten der Theologen des Holocaust *dieselben* geblieben, die man auch in früheren, traditionellen Quellen findet. Die meisten sind Variationen über das Thema der Erlösung durch Leiden, ergänzt durch Einsichten aus modernen psychologischen und soziologischen Perspektiven, die oft mit großer Einfühlung auf die heutige Lage des jüdischen Volkes angewandt werden. Selbst jene Antworten wie die Rubensteins, die eine radikale Revision des traditionellen Gottesbegriffs fordern, folgen einem älteren theologischen Trend, den Nietzsches Diktum vom Tod Gottes ausgelöst hat.

Gott

Warum rezitieren die Juden Psalm 48, der Gottes Befreiung Jerusalems von assyrischer Herrschaft feiert, an Montagen? Israel Lipschütz (1782–1860), bekannt für seinen *Kommentar* zur Mischna und weil er oft drei Tage hintereinander fastete, meint, er sei deswegen im Anschluß an den sonntäglichen Schöpfungspsalm (Psalm 24) zu lesen, um deutlich zu machen, daß Gott nach der Schöpfung »sich nicht ans Firmament zurückzog und seine Kinder ignorierte«, sondern sich vom Himmel herabneigte, um seine Gegenwart am Sinai zu offenbaren.

Zwei scharfe Polemiken sind in dieser Feststellung verpackt. Lipschütz lehnt die Auffassung eines Großteils der jüdischen (aber auch christlichen und muslimischen) mittelalterlichen Religionsphilosophie ab, wonach Gott als abstrakte Erste Ursache des Seienden fungiert, die unser Erkenntnisvermögen unendlich übersteigt. Er lehnt auch den Deismus ab, eine im 18. Jahrhundert sehr populäre Philosophie, die zwar die Existenz Gottes anerkennt, doch ihn für unendlich fern hält, desinteressiert an den Ereignissen unseres täglichen Lebens und gleichgültig gegenüber den Dogmen, über die sich die Religionen streiten. Lipschütz' Gott ist (wenn er angerufen wird) zugänglich, ja, er sorgt sich so sehr um den Lebenswandel »seiner Kinder«, daß er sich herabgelassen hat, ihnen den moralisch besten Weg zu offenbaren.

Lipschütz greift wieder auf den Gott der Bibel und der rabbinischen Tradition zurück, einen »lebenden« Gott, der sich auf enge Beziehungen zu den Menschen einläßt. Die meisten späteren jüdischen Denker sind dieser Auffassung gefolgt und haben sich um die Abstraktionen, Definitionen und Gottesbeweise der mittelalterlichen Philosophen nicht gekümmert.

Sobald man aber von einem Gott spricht, der sich sorgt, agiert und reagiert, fängt man an, ihm einen Charakter zuzuschreiben. Für Reformdenker wie Hermann Cohen (s. S. 119) und Leo Baeck oder einen »modernen orthodoxen« Rabbiner wie Samson Raphael Hirsch ist Gott der Gott der Ethik. Sie interpretieren die Thora – in Hirschs Fall sogar die verwickeltsten Details des Opfersystems –, als beschäftigte sie sich vorwiegend mit ethischen Werten und als sei es daher Israels Mission, die Ethik der so verstandenen Thora der Welt zu verkünden.

Martin Buber und Emmanuel Lévinas glauben an einen Gott der Beziehungen. *Alles Leben ist Begegnung*, sagt Buber, und das Wichtigste dabei sei, daß wir unsere Beziehungen zu Gott und zu anderen Menschen richtig verstehen (Ich-Du- statt Ich-Es-Beziehung). Aus dieser Beziehung, die das Wesen der Offenbarung ausmache, fließe alles ethische Handeln; Gesetze und Vorschriften seien schwache Versuche, die Offenbarung zu fassen, und könnten nur eine unzulängliche Vorstellung von ihr vermitteln.

Und es gibt noch mehr Götter. Es gibt den ›nicht-übernatürlichen‹ Gott, der sich in der sich entfaltenden Kultur des Judentums manifestiert (M. M. Kaplan); den transzendenten Gott der *Halacha*, der sich am höchsten in einem vollkommenen, apriorischen Rechtssystem offenbart hat, das sich der Spaltung zwischen der Welt der Wissenschaft und der Welt der Religion stellt und sie heilt (J. D. Soloweitschik); den ›anthropopathischen‹ Gott, der mit uns fühlt, unsere Hoffnungen, Freuden, unseren Kummer und unser Leiden teilt (A. J. Heschel); den Gott des Bundes, dessen ethische und religiöse Forderungen durch seinen Bund mit einer Gemeinschaft bekannt sind (Borowitz, Novak, Hartman); den Gott, der es unterließ, zur Rettung der Holocaustopfer einzugreifen, in dessen Schweigen und scheinbarer Ohnmacht wir aber unsere tiefste Spiritualität wiedererkennen (Rubenstein); es gibt sogar den »schimpfenden« Gott (David Blumenthal, Kushner), mit dem wir uns aussöhnen müssen wie mit Mutter oder Vater, unter deren strafender Hand wir gelitten haben.

Ganz gleich welcher es ist, Gott ist sehr deutlich existent, lebt und engagiert sich. Sie ist nicht tot. Womit wir bei unserem nächsten Punkt sind.

Feminismus

Die ökonomischen und sozialen Veränderungen im Gefolge der Aufklärung und der industriellen Revolution brachten im späten 18. Jahrhundert in Europa die Bewegung für die Bürgerrechte der Frauen, auch als Feminismus oder Frauenemanzipation bezeichnet, hervor. Die weiblichen republikanischen Klubs im revolutionären Frankreich forderten, daß »Freiheit, Gleichheit und Brüderlichkeit« für alle, ohne Ansehen des Geschlechts, gelten sollten.

Wissenschaftliche Untersuchungen legen nahe, daß zahlreiche vermeintliche Differenzen zwischen den Geschlechtern eher kulturelle Artefakte als physiologisch determinierte Eigenschaften sind. Die Sprache selbst, so wird gesagt, perpetuiere durch Verwendung des männlichen Geschlechts für Kollektiva die »Unsichtbarkeit« oder das »Anderssein« der Frauen und ordne sie den Männern unter. Frauengruppen haben verlangt, daß auch Männer häusliche Rollen übernehmen, und die Legalisierung der Abtreibung und die Anerkennung lesbischer Rechte gefordert. Wie hat sich all das auf das Judentum ausgewirkt?

Die Bibel, der Talmud und das prämoderne Judentum setzen ein patriarchalisches, autoritäres Gesellschaftsmodell als selbstverständlich voraus. Die Schöpfungsgeschichte von Genesis 2–3 mit der aus Adams Rippe geformten Eva, die der Versuchung nachgibt, illustriert den Verlust des Idealzustands und rechtfertigt Evas Unterordnung unter Adams Autorität. Frauen ragen heraus oder üben Macht aus entweder aufgrund irgendeiner ›weiblichen‹ Fähigkeit (die Matriarchinnen und Miriam, Ruth, Esther) oder als außergewöhnliche Individuen, seien es gute (die Richterin Debora, die Prophetin Hulda) oder böse (Königin Atalja). Gott ist durch und durch männlich.

Doch 1. Mose 1,27 sagt unmißverständlich: »Gott schuf also den Menschen als sein Abbild; als Abbild Gottes schuf er ihn. Als Mann und Frau schuf er sie.« Daraus folgt, daß, wenn wir unsere Vorstellung von humanem Verhalten nach unserem Gottesbegriff modellieren, nicht zwischen männlich und weiblich unterscheiden sollten. Dem entspricht die rabbinische Formulierung der »Nachahmung Gottes«, die sowohl männliche wie weibliche Rollen in sich vereint:

> »Wie kann ein Mensch Gott nachfolgen? Steht nicht geschrieben: ›Denn der Herr, dein Gott, ist wie ein verzehrendes Feuer?‹ Doch handle gemäß Gottes Attributen. So wie er die Nackten kleidet, [...] den Kranken beisteht, [...] die Hinterbliebenen tröstet, [...] die Toten begräbt, [...] so sollst auch du es tun.«

In der Tat enthält die Liste keine spezifisch männlichen Eigenschaften. Vielmehr werden wir ermahnt, Gott in seiner Fürsorge und seinem Mitgefühl, nicht aber in seiner Rache und seinem Richteramt, nachzueifern.

Wenn es in der jüdischen Tradition nur einen begrenzten Vorrat an weiblichen Gottesbildern gibt, ist es dann überhaupt sinnvoll, neue Bilder zu erschaffen? Rita M. Gross hat gefordert, vertraute Formen der Ansprache Gottes im Gebet ins Weibliche zu transponieren. So sollte *Ha-Qedoscha Beruka Hi* – »die heilige Eine Göttin, gesegnet sei sie« – statt der gebräuchlichen maskulinen Form verwendet werden. Sie führt fünf fundamentale Bilder einer Göttin an, die einer Übersetzung ins Jüdische bedürfen:

- die »Coincidentia oppositorum« oder »Mehrdeutigkeitssymbolik«;
- Bilder von Gott als Mutter, die zu vereinen sind mit
- der Göttin der Mutterschaft und der Kultur, dem Doppelaspekt der Kreativität;

- die Göttin als Weisheitsspenderin und Schirmherrin von Forschung und Gelehrsamkeit;
- die Anerkennung der Sexualität als Aspekt der Göttlichkeit.

Gross resümiert:

»Wiederhergestellt werden so Dimensionen des Göttlichen, die in den langen Jahrhunderten, in denen wir von Gott sprachen, als ob sie/er nur männlich sei, verschüttet oder erheblich reduziert worden sind. Sie scheinen zu tun zu haben mit der Bejahung der Immanenz, der Natur und der zyklischen Wiederkehr. Vorherrschend scheinen dabei Metaphern des Einschließens, der inneren Räume und gekrümmten Linien. Was für eine Wohltat nach den Teilwahrheiten des Eingreifens und der Transzendenz; der Geschichte und linearen Zeit; des Fortschreitens, des Geworfenseins und der geraden Linien!«

Seit seiner Gründung 1968 hat das rekonstruktionistische Judentum den Frauen gleiche Rechte gewährt und ist bei der Formulierung der Liturgie in nicht-geschlechtsspezifische Formen weiter als jede andere Richtung gegangen. Das Reformjudentum hat die Gleichstellung allmählich erreicht, und viele Reformgemeinden haben die geforderte Liturgiereform in Angriff genommen. Aus dem Gebet »Gott unserer Väter, Abraham, Isaak und Jakob« ist so »Gott unserer Vorfahren: von Abraham, Isaak und Jakob; von Sara, Rebekka, Rachel und Lea« geworden. Das konservative Judentum hat darum gerungen, die Gleichstellung zu erreichen und zugleich der *Halacha* treu zu bleiben; seine Entscheidung 1983, Rabbinerinnen zu ordinieren, hat zu einer Spaltung der Bewegung geführt.

Die jüdische Orthodoxie hält an der getrennten Sitzordnung in der Synagoge fest. Weder läßt sie Frauen zur Thora-Lesung zu, noch werden Frauen im Gebetsquorum mitgezählt; ganz undenkbar erscheint ihr die Frauenordination.

Sie hält auch an anderen Aspekten der traditionellen *Halacha* fest, die Frauen offensichtlich diskriminieren. Doch selbst die Orthodoxie ist von der Frauenbewegung nicht unbeeinflußt geblieben. Sie hat die Bildungsmöglichkeiten für Frauen verbessert und erlaubt ihnen, ja ermutigt sie sogar, in öffentlichen Angelegenheiten mitzuwirken, soweit dies nicht im Widerspruch zur *Halacha* steht. Beachtenswert sind die Beis-Jaakow-Bewegung, die anfangs des Jahrhunderts in Polen zur Mädchenfortbildung gegründet wurde, und die jüngere *Rosch Chodesch*-(Neumond-)Bewegung, die Gebetsgruppen und Bildungsaktivitäten von Frauen gefördert und sich zusammen mit anderen Gruppen energisch für die Anerkennung der Frauenrechte in der orthodoxen Gemeinschaft eingesetzt hat.

9
»Ewiges Gesetz«, Wandel der Zeiten

Wir sind nun fast am Ende angelangt. In unserem letzten Kapitel betrachten wir kurz einige Beispiele, die verdeutlichen, wie die *Poskim* (Rabbiner, die in Fragen des Religionsgesetzes entscheiden) traditionelle Quellen zur Klärung heutiger Probleme heranziehen. Das ist eine Probe aufs Exempel. Wenn die Thora, wie die Gläubigen behaupten, tatsächlich ein »ewiges Gesetz« ist, muß es möglich sein, immer und überall von ihr geführt zu werden. Es ist leicht, allgemeine moralische Prinzipien aus der Bibel und dem Talmud abzuleiten, doch geben sie nicht ohne weiteres klare Antworten auf spezifische Fragen.

Spezifische Antworten auf Fragen findet man im Judentum durch *Halacha*, »Gesetz«, ein Verfahren der juristischen Reflexion, gestützt auf Quellentexte und Präzedenzfälle.

Die modernen Fortschritte in den biologischen Wissenschaften und der Medizintechnik haben ökonomische, rechtliche und ethische Fragen aufgeworfen, von denen man nur wenige bedachte, als die Grundlagen des jüdischen Rechts formuliert wurden. Unsere Beispiele stammen alle aus diesem diffizilen Bereich, zu dem mittlerweile viele tausend *Responsa* (Fragen und Antworten) veröffentlicht worden sind. Krankenhäuser wie das »Shaare Zedek« in Jerusalem lassen die *halachischen* Vorschriften in der Praxis testen; akademische Institutionen wie die Ben-Gurion-Universität in Beer Scheba haben Lehrstühle für jüdische Medizinethik eingerichtet; Rabbinerorganisationen wie der »Rabbinic Council of America« geben regelmäßig aktualisierte Fassungen der medizinischen *Halacha* heraus; Experten aus allen jüdischen Konfessionen verfassen Bücher und Artikel über die Ethik und *Halacha* der Medizin.

Konservative wie orthodoxe Rabbiner behaupten, ihre Entscheidungen auf die *Halacha* zu gründen, wobei die Konservativen den historischen Kontext stärker betonen.

Nicht alle sind davon überzeugt, daß die *halachische* Reflexion schlüssig ist. So meint Daniel H. Gordis, die wahren Gründe der Orthodoxen gegen die künstliche Befruchtung mit Spendersamen (heterologe Insemination) basierten nicht auf einem genuin *halachischen* Argument, sondern auf einem Abscheu vor der Vorstellung, daß eine verheiratete Frau mit dem Sperma eines anderen Mannes befruchtet wird; zu Recht aber seien die Orthodoxen über Fragen der Sexualität, Elternschaft und des Wesens der Ehe beunruhigt. »Doch wenn *dies* die Fragen sind, die unseren Einwänden gegen die heterologe Insemination zugrunde liegen«, kritisiert Gordis, »sollten wir es klar aussprechen. Diskutieren wir also jene Fragen nach ihrem sachlichem Gehalt und verdunkeln wir nicht das wesentliche halachische Problem, indem wir sekundäre vorschieben.« Er möchte deshalb die Hilfsmittel der *Halacha* nicht als ein zu analysierendes System von Regeln verwenden, sondern als Vorrat, der auf seine impliziten Vorstellungen von Humanität, von dem nach dem Bild Gottes erschaffenen Menschen, zu durchforschen sei. Auf eben diese Vorstellungen sollten wir nach Gordis unsere Entscheidungen in der medizinischen Ethik gründen. Das ist ungefähr auch die reformierte und rekonstruktionistische Position.

Elliot Dorff hält in seiner Diskussion von Fragen des Lebensendes sowohl die Position der Orthodoxen wie die der Reformer für unbefriedigend. Die Orthodoxen, so Dorff, sind absorbiert von Vorschriften und Präzedenzfällen, die sie falsch anwenden oder willkürlich extrapolieren, weil sie die Unterschiede zwischen den Zeiten, aus denen die Präzedenzfälle stammen, und der radikal anderen medizinischen Situation von heute nicht hinreichend berücksichtigen; die Reformer hingegen gehen fehl, weil ihrer Berufung auf Vorstellungen wie der »Verantwortung gegenüber dem Bund

Gottes« die Disziplin der *Halacha* fehlt und sie letztlich ununterscheidbar ist von der liberalen säkularen Ethik. Er selbst bevorzugt einen dreistufigen Ansatz, den er für identisch mit dem der Konservativen im allgemeinen hält. Zunächst seien die begrifflichen und juristischen Quellen in ihrem jeweiligen historischen Kontext zu untersuchen. Auf dieser Basis könne man die relevanten Unterschiede zwischen unserer heutigen Situation und jener, in der die Texte formuliert wurden, ermitteln. Dann und erst dann könne man die Quellen auf das heutige Problem anwenden, wobei man nicht nur die rein juristische Reflexion heranziehen solle, sondern auch »theologische Überlegungen hinsichtlich unserer Natur als Menschen, die von Gott und nach dem Bild Gottes erschaffen sind«.

Abtreibung

Nach jüdischem Recht ist die Tötung eines Fötus verboten, gilt aber nicht als Mord. Da sie nicht als Mord angesehen wird, kann sich die Situation ergeben, daß es, wenn die Geburt das Leben der Mutter bedroht, besser ist, den Fötus zu töten, als der Natur ihren Lauf zu lassen und das Leben der Mutter aufs Spiel zu setzen. Die Mischna (s. S. 44) formuliert dieses Grundprinzip, das die Abtreibung regelt:

> »Wenn eine Frau nur schwer gebären kann, darf man das Kind in ihrem Leib zerschneiden und Stück für Stück herausholen, da ihr Leben Vorrang hat vor seinem. Wenn aber der größere Teil bereits herausgekommen (geboren worden) ist, darf man es nicht anrühren (ihm schaden), weil man nicht ein Leben zugunsten eines anderen aufgeben darf.«

Auf den ersten Blick erscheint bei der Geburt die Mutter in der Rolle des Opfers, das von einem Angreifer verfolgt wird, wobei es rechtens ist, das Opfer auch um den Preis des Todes des Angreifers zu retten. Doch nicht anders verhält es sich, wenn »der größere Teil geboren worden ist«, denn das Baby ist genauso »Verfolger« wie der Fötus. Der polnische Rabbi Joschua Falk löste im 17. Jahrhundert dieses Problem so, indem er sagte, ein Baby sei im Verlauf der Geburt nicht als Verfolger zu klassifizieren, denn sie liege in »der Natur der Welt«; daher habe das Leben der Mutter keinen Vorrang vor dem des Babys. Doch ein ungeborener Fötus ist noch nicht im vollen Sinne des Wortes ein *Nefesch* (wörtlich ›Seele‹, hier verstanden im Sinne von ›menschliche Person‹), so daß er oder sie ein »Verfolger« bleibt, auch wenn man den Fötus nicht mutwillig töten darf.

Jair Hajjim Bacharach (1638–1701) hat erklärt, daß, wenn nicht die Notwendigkeit bestünde, hohe moralische Normen zu fördern und von Promiskuität abzuschrecken, es einer Frau erlaubt wäre, ein im Ehebruch empfangenes Kind abzutreiben, um die »verfluchte Saat in ihr zu vernichten«. Im folgenden Jahrhundert warf Jakob Emden die Frage auf, ob eine Frau ein im Ehebruch empfangenes Kind abtreiben dürfe, um sich vor dem »schweren Leid« zu schützen, auch wenn ihr Leben nicht in Gefahr sei. In späterer Zeit waren Autoritäten bereit, Abtreibungen zuzulassen, zumal dann, wenn der Fötus weniger als vierzig Tage alt ist oder wenn die Austragung des Fötus der Mutter schweres Leid oder Schande verursachen würde.

Die Debatte spitzte sich zu mit einem Disput zwischen Mosche Feinstein (1895–1986) und Eliezer Jehuda Waldenburg, zwei der führenden *Poskim* des 20. Jahrhunderts: Ist die Abtreibung eines Fötus mit bekanntem Tay-Sachs-Syndrom erlaubt, einer Erbkrankheit mit physischer und geistiger Retardierung, zunehmender Erblindung und Taubheit und nachfolgendem Tod im Alter von 3 oder 4 Jahren? Waldenburg berief sich auf Emden und wollte eine Abtreibung noch im siebten Monat zulassen, um Mutter und Kind von dem »schweren Leid« einer solch tragischen Geburt zu verschonen. Feinstein lehnte dies ab, denn das Leben der Mutter sei nicht unmittelbar bedroht, und eine Abtreibung, wiewohl kein Mord im juristischen Sinne, sei unter normalen Bedingungen als Form des Mordes verboten. Sicher war Feinstein beunruhigt über die damals zunehmende Tendenz in den USA, Abtreibungen aus medizinischen, sozialen und »privaten« Gründen zu erlauben; angetrieben von einer offenbar starken moralischen Sorge, vertrat er eine harte Haltung gegenüber dem liberalen Zeitgeist.

Keines der *halachischen* Argumente für oder gegen die Abtreibung hat etwas zu tun mit den Rechten der Frauen über ihren Körper beziehungsweise den Rechten der Männer über ihre Frauen. Der Konflikt betrifft allein (a) das eigene Lebensrecht der Frau und (b) die Rechte des Embryos oder Fötus. Wenn diese Rechte aufeinanderprallen, muß das Gewicht der Rechte des Embryos oder Fötus geprüft werden. Wohl mögen einige Rechte bereits bei der Empfängnis bestehen, doch erwirbt ein Mensch erst bei der Geburt das volle Ausmaß und die volle Kraft seiner Rechte.

Keine jüdische Autorität erlaubt die Abtreibung einfach als Methode der Geburtenkontrolle.

Künstliche Befruchtung

Bei drei Problemen muß die *Halacha* abwägen, ob eine künstliche Befruchtung mit Spendersamen erlaubt ist oder nicht:

1. Ist das Kind einer verheirateten Frau, die von einem anderen Mann als ihrem Ehemann, aber nicht in einem normalen Geschlechtsakt, schwanger wurde, ein *Mamser* (unehelich)? Anders ausgedrückt, ist die Frau eine Ehebrecherin?
2. Darf die Insemination, selbst wenn der eigene Ehemann der Frau der Spender ist, vorgenommen werden, solange sie *Nidda* (eigentlich »menstruierend«,

noch ohne seit ihrer letzten Periode eine *Mikwe* genommen zu haben) ist?

3. Wie läßt sich Sperma vom Ehemann oder fremden Spender gewinnen, wo Masturbation in anderen Fällen untersagt ist?

Zunächst scheint die künstliche Befruchtung ein neues Thema des 20. Jahrhunderts zu sein, doch man fand einen Präzedenzfall in einem Talmudhinweis auf die Möglichkeit, daß eine Jungfrau »in einem öffentlichen Bad« durch dort ausgeschiedenes Sperma zufällig empfangen könne. Der Fall wurde im Mittelalter viel diskutiert; Simon ben Zemah Duran (1361–1444) berichtet, »eine Anzahl von Nichtjuden«, aber auch ein anderer Rabbi, hätten ihm von Jungfrauen erzählt, von denen sie wüßten, daß sie auf diese Weise schwanger wurden. Simon mag allzu leichtgläubig gewesen sein, doch selbst wenn die berichteten Fälle reine Erfindung waren, die juristischen Präzedenzfälle waren immerhin geschaffen.

Rabbi Mosche Feinstein argumentierte, wo kein verbotener Geschlechtsakt stattgefunden habe, könne man auch keinen Ehebruch insinuieren, daher sei ein so empfangenes Kind kein *Mamser*. Obgleich er nicht explizit zur künstlichen Befruchtung ermunterte, behauptete er, sie sei keineswegs verboten.

Feinstein wurde wegen seiner liberalen Haltung von Rabbi Jacob Breisch scharf angegriffen. Breisch prangert die künstliche Befruchtung mit fremdem Spendersamen als widerlich, verboten und ekelerregend an. Allerdings räumt er ein, das Kind könne nicht als *Mamser* und seine Mutter nicht als Ehebrecherin gelten; und eine künstliche Befruchtung durch den Ehemann sei womöglich erlaubt. Breischs Widerstand ist offenbar mehr durch eine gewisse Sorge um das Image des Judentums motiviert als durch eine spezifische *Halacha*, die mit der künstlichen Befruchtung zu tun hat: Juden, meint er, sollten in moralischen Fragen nicht laxer erscheinen als Christen, und da die katholische Kirche die künstliche Befruchtung verurteilt habe, nähme das Ansehen des Judentums Schaden, wenn die Juden sich liberaler verhielten. Feinstein weist dies Argument kurzerhand zurück, und der Konflikt spiegelt wohl auch die unterschiedlichen Positionen zwischen Europa und Amerika.

Joel Teitelbaum, der chassidische Rabbi von Satmar, Feinsteins schärfster Opponent, vertritt den Standpunkt, Ehebruch liege dann vor, wenn das Sperma eines Mannes, egal mit welchen Mitteln, in eine Frau, die mit einem anderen verheiratet ist, eingeführt wird. Feinstein vermochte mühelos nachzuweisen, daß diese Position sich nirgends auf die *Halacha* berufen kann.

Euthanasie

Man kann drei Typen des »Gnadentods« unterscheiden. Euthanasie aus eugenischen Gründen, die Tötung behinderter oder »gesellschaftlich unerwünschter« Individuen, wird in der jüdischen Ethik keinesfalls unterstützt. Die Debatte konzentriert sich auf

a) die aktive Sterbehilfe: man verabreicht einem Patienten ein Medikament oder behandelt ihn auf andere Weise, um ihn schneller von seinem Leiden zu befreien, und
b) die passive Sterbehilfe: man bricht die Behandlung ab und läßt den Patienten eines natürlichen Todes sterben.

Eine frühe rabbinische Quelle sagt unzweideutig:

»Ein Sterbender gilt in jeder Hinsicht als lebende Person. [...] Man darf ihm die Kinnbacken nicht zusammenbinden, seine Körperöffnungen nicht verstopfen, [...] ihn nicht bewegen. [...] Man darf einem Sterbenden nicht die Augen zudrücken. Wenn ihn irgend jemand berührt oder bewegt, so ist es, als würde derjenige Blut vergießen, wie Rabbi Meir sagte: ›Dies ist wie eine flackernde Flamme; sobald sie berührt wird, geht sie aus.‹ Und wenn irgend jemand einem Sterbenden die Augen zudrückt, so ist es, als hätte er ihm das Leben genommen.«

Die Hauptregeln legen fest, daß wenn etwas – etwa vom Holzhacken verursachter Lärm – »die Seele am Hinscheiden« hindert, man diese Tätigkeit abbrechen soll, damit der Tod leichter eintreten kann.

Diese beiden Regeln liegen der Unterscheidung zwischen aktiver und passiver Sterbehilfe zugrunde, und ein Großteil der späteren *Halacha* dreht sich darum, sie zu verfeinern und auf aktuelle Situationen anzuwenden. Aktive Sterbehilfe gilt generell als Mord; passive ist manchmal erlaubt. Ärzte sollen ihr Äußerstes tun, um Leben zu retten und, sei es auch nur für kurze Zeit, zu verlängern, selbst wenn der Patient schwere Leiden ertragen muß. Einige Autoritäten betonen, der Abbruch einer lebensverlängernden Therapie sei etwas anderes als »den Lärm vom Holzhacken zu beseitigen«, worauf die klassischen Quellen Bezug nehmen; lebensverlängernde Maßnahmen seien positive Therapie, eine äußere Lärmquelle hingegen lediglich ein Todeshindernis. Andere sind sich dieser Unterscheidung nicht so sicher.

Waldenburg erlaubt Narkotika und Analgetika zur Schmerzlinderung bei einem Sterbenden, auch wenn diese Medikamente die Funktion des Atmungssystems beeinträchtigen und den Eintritt des Todes beschleunigen, vorausgesetzt, sie werden nur zu diesem Zweck eingesetzt. Nicht erlaubt indessen sei es, bei einem unheilbar und irreversibel kranken Patienten eine künstliche lebensverlängernde Therapie einzuleiten; sofern aber der Patient bereits an eine künstliche lebensverlängernde Maschine angeschlossen sei, dürfe man diese erst abschalten, wenn er nach den

Kriterien der *Halacha* tot ist. Um der Rigorosität dieser letzten Vorschrift die Spitze zu nehmen, macht Waldenburg den neuen Vorschlag, Atmungsgeräte mit einer Zeituhr auszurüsten; da sie sich nach dem eingestellten Intervall automatisch abschalten, wäre eine explizite Entscheidung erforderlich, sie weiter zu betreiben, und diese würde nur dann getroffen, wenn jetzt Hoffnung auf Heilung bestünde.

Der im 12. Jahrhundert lebende Tosafist Jacob Tam scheint anzudeuten, aktive Selbsttötung sei erlaubt, um extremer Folter zu entgehen, obgleich nicht klar wird, ob dies nur für jene Situationen gilt, wo der Suizid das Individuum vor einer schlimmeren Sünde bewahren soll. Byron L. Sherwin meint, diese und ähnliche Verfügungen könnten als Grundlage für eine Neubewertung der aktiven Sterbehilfe dienen; während solche Überlegungen bei den Orthodoxen bislang auf wenig Gegenliebe gestoßen sind, fanden sie bei den Konservativen und Reformern eher ein offenes Ohr.

Auch wenn man nach Ansicht vieler Halachisten keine aktiven – und oft nicht einmal passive – Maßnahmen ergreifen darf, um den Tod einer leidenden Person zu beschleunigen, sei es erlaubt, für ihre Erlösung zu beten; der Talmud selbst berichtet offenbar zustimmend, daß die Dienerin des Jehuda ha-Nasi (s. S. 42–44), als sie ihn mit dem Tod ringen sah, betete: »Ihr da oben [die Engel] sucht den Meister, und ihr hier unten [die Freunde und Schüler des Jehuda] sucht ihn; mögen die oberen den Sieg über die unteren davontragen!« Der im 19. Jahrhundert lebende türkische Rabbi Hajjim Palaggi bemerkte, nur jemand, der mit der leidenden Person nicht verwandt ist, sollte dies tun; Verwandte könnten unrechte Motive haben.

Ersatz- und Leihmutterschaft

Nach jüdischem Recht sind sowohl Mutter- wie Vaterschaft an die »natürlichen« Eltern gebunden, und kein Gericht kann dies ändern, auch nicht durch ein Adoptionsverfahren. Wenn eine Frau ein Kind aus einem transplantierten Eierstock, einer implantierten Eizelle oder einem Fötustransplantat zur Welt bringt, ist es genetisch gesehen nicht ihr Kind. Und was die Achtung vor den Eltern angeht, muß sogar ein Adoptivelternteil respektiert werden. Doch welche Folgen hat es für Erbe, Inzest und Auslösung der Erstgeborenen, wenn genetische und austragende Mutter nicht mehr identisch sind?

Gegenwärtig ist es in orthodoxen Kreisen offenbar Konsens, daß ein Kind der Frau gehört, in deren Körper die Befruchtung oder Implantation erfolgte, selbst wenn der Fötus später transplantiert wurde; etliche meinen, dies gelte nur, wenn der Transfer mehr als vierzig Tage nach der Befruchtung stattfand, weil bis zum vierzigsten Tag nach der Empfängnis der Fötus aus »bloßem Wasser« bestehe. Wenn die Befruchtung in vitro erfolgte, gilt als Mutter die Frau, der der Embryo implantiert wurde und die das Kind gebar. Und einer Frau, der ein Eierstock implantiert wurde, gehören die Kinder, die sie danach empfängt.

Offensichtlich haben die Orthodoxen beschlossen, sich über genetische Erwägungen hinwegzusetzen. Ihre Position steht zumindest im Einklang mit den Quellen, die natürlich von der Genetik noch nichts wußten. Nach talmudischem Verständnis der Geschlechterrollen bei der Fortpflanzung tragen Vater und Mutter nicht komplementäre Gensätze bei, sondern der Vater liefert den »Samen« und die Mutter den das Kind nährenden »Boden«. J. David Bleich irrt sich also, wenn er aus einer Analyse einer Talmudstelle schließt, daß »die mütterliche Identität durch die Produktion des ›Gameten‹ hergestellt wird«; der Gamet und selbst die Eizelle waren den traditionellen Quellen der *Halacha* unbekannt.

Schluß

Aus fast jedem Bereich des heutigen Lebens ließen sich ähnliche Beispiele anführen, sooft die *Poskim* nach Belehrungen in der Bibel, dem Talmud und der rabbinischen Tradition suchen zu Fragen wie dem Frauenstatus, der Kriegführung, der Handelsethik, dem Umweltschutz und allen Aspekten menschlicher Beziehungen und des religiösen Rituals. Und in jedem dieser Bereiche zeigen sich erneut die unterschiedlichen Ansätze der Orthodoxen, Konservativen und Reformer im Umgang mit den Quellen.

Ergänzt wird dieses Programm der Entscheidungsfindung durch die philosophische und theologische Spekulation, die die traditionelle Lehre in der modernen Welt verständlich machen will, durch die nach den Auswirkungen der Schoah notwendige Gewissensprüfung und durch die Herausforderung der politischen Macht, einer Erfahrung, die für die Juden neu ist. Nie zuvor – sicher aber nicht seit den Tagen der Spätantike – hat die jüdische Welt derartige geistige und emotionale Turbulenzen erlebt.

Doch nie zuvor hat sie so kraftvolle Antworten hervorgebracht. Unser kurzer Überblick über das Judentum hat etwas von dem Reichtum und der Fülle der Antworten erkennen lassen, die die Vitalität einer alten Tradition belegen, welche stets zur Selbsterneuerung in einer sich wandelnden Welt bereit war.

Der Weg in die Zukunft wird nicht leicht sein. Der Friede im Land Israel ist nur schwer erreichbar, das Diasporajudentum leidet unter Assimilierung und schwindenden Mitgliederzahlen, religiöse und politische Differenzen bestehen fort. Doch nur beschränkte Geister werden in dem Aufruhr nicht den Mut zur Wiederentdeckung und Erneuerung wahrnehmen, der Gutes für die Zukunft eines Glaubens und eines Volkes mit einer langen Geschichte verheißt.

Anhang

Die dreizehn Glaubensgrundsätze

Nach Moses Maimonides, der sie in seinem um 1160 verfaßten Kommentar zur *Mischna* zuerst formuliert hat.

Ich glaube und vertraue vollkommen darauf:

1. Gott, der Schöpfer, ist Ursache und Lenker von allem, was existiert.
2. Gott ist Einer, nach einer Einheit, die nicht ihresgleichen hat. Er ist unser Schöpfer und existiert ewig.
3. Gott ist weder ein Körper, noch kommen ihm physische Eigenschaften zu. Er ist anders als alles, was sonst existiert.
4. Gott ist das erste und letzte alles Seienden.
5. Es geziemt sich, zu ihm und zu sonst keinem anderen Wesen zu beten.
6. Alle Worte der Propheten sind wahr.
7. Die Prophetie des Moses ist wahr, und er ist der Vater (d. h. der größte) aller Propheten vor und nach ihm.
8. Die Thora, die wir jetzt besitzen, ist durch Moses übermittelt worden.
9. Die Thora wird nicht aufgehoben, und es wird keine andere Thora außer ihr von Gott her kommen.
10. Gott kennt die Taten und Gedanken der Menschen.
11. Er belohnt den, der seine Gebote befolgt, und bestraft den, der sie übertritt.
12. Obgleich der Messias sein Kommen verzögert, muß man stets an sein Kommen glauben.
13. Die Toten werden auferstehen.

Das »Philadelphia-Programm« des Reformjudentums

Angenommen auf der Philadelphia-Konferenz,
3.–6. November 1869

Grundsätze

1. Das messianische Ziel Israels ist nicht die Wiederherstellung des alten jüdischen Staates unter einem Nachkommen aus dem Hause David, sondern die Vereinigung aller Kinder Gottes im Bekenntnis zu dem einen Gott, um die Einheit aller vernunftbegabten Wesen und ihre Berufung zur moralischen Heiligung zu verwirklichen.
2. Wir betrachten die Vernichtung der zweiten jüdischen Gemeinschaft nicht als Strafe für die Sündhaftigkeit Israels, sondern als Ergebnis des Abraham offenbarten göttlichen Planes, der, wie es im Verlauf der Weltgeschichte immer klarer geworden ist, die Zerstreuung der Juden in alle Teile der Welt vorsieht, damit sie ihre hohepriesterliche Mission erfüllen und die Nationen zur wahren Erkenntnis und Anbetung Gottes führen.
3. Das aaronische Priesteramt und der mosaische Opferkult waren Vorstufen zum wahren Priesteramt des ganzen Volkes, das mit der Zerstreuung der Juden begann, aber auch zu den Opfern der wahren Hingabe und moralischen Heiligung, die allein dem allerheiligsten Gott gefallen und willkommen sind. Diese der Vorbereitung zur wahren Religiosität dienenden Institutionen sind mit der Zerstörung des Zweiten Tempels ein für allemal der Vergangenheit überantwortet worden, und nur in diesem Sinne – als gleichsam erzieherische Einflüsse in der Vergangenheit – sollen sie in unseren Gebeten Erwähnung finden.
4. Was die religiösen Riten und Pflichten angeht, ist somit jede Unterscheidung zwischen Aaroniden und Nicht-Aaroniden sowohl im religiösen Kult wie im sozialen Leben unzulässig.

5. Die Erwählung Israels zum Volk der Religion, zum Träger der höchsten Idee der Humanität, ist wie seit jeher stark zu betonen, und sooft sie erwähnt wird, soll eben deshalb die weltumspannende Mission Israels und die Liebe Gottes zu all seinen Kindern nachdrücklich betont werden.
6. Der Glaube an die physische Auferstehung hat keine religiöse Grundlage, und die Lehre von der Unsterblichkeit bezieht sich nur auf das Leben der Seele nach dem Tod.
7. So dringend wir in Erfüllung einer heiligen Pflicht die Pflege der hebräischen Sprache, in der die Schätze der göttlichen Offenbarung übermittelt und die unsterblichen Überreste einer alle zivilisierten Völker prägenden Literatur erhalten sind, wünschen müssen, so ist sie doch für die große Mehrheit unserer Glaubensgenossen unverständlich geworden. Daher muß sie im Gebet, wie es die gegenwärtigen Verhältnisse nahelegen, einer verständlichen Sprache weichen, weil ein Gebet, das niemand versteht, zur seelenlosen Formalität degeneriert.

Die Konferenz verabschiedete auch Resolutionen über Ehe und Scheidung. Zwar hielt sie am matrilinealen Prinzip als Kriterium der Zugehörigkeit zum Judentum fest, betonte aber, das Kind einer jüdischen Mutter bleibe auch dann Jude, wenn es männlichen Geschlechts und unbeschnitten ist.

Vorschläge zur weiteren Lektüre

Wer mehr über das Judentum erfahren möchte, sollte einfach einmal in den Seiten der 20bändigen englischsprachigen *Encyclopedia Judaica* blättern, die 1972 in Jerusalem erschienen ist. Es existieren auch zahlreiche einbändige Lexika und Enzyklopädien, darunter auch eine Ausgabe der *Judaica* in einem Band.

Ferner sollte man versuchen, Juden zu treffen und mit ihnen zu reden, die jüdische Presse lesen und aus den Romanen und Geschichten von Autoren wie Isaac Bashevis Singer, Chaim Potok und Elie Wiesel soviel wie möglich in sich aufnehmen. Videos und CDs mit jüdischen Themen gibt es zuhauf, und im Internet finden sich zahllose Websites, die sich speziell mit den Juden, dem Judentum oder Israel befassen.

Dennoch ein Wort der Warnung. Zwar sind die Klassiker des rabbinischen Judentums, einschließlich des Talmuds, auch in Übersetzungen erhältlich (vgl. z. B. die Auswahl aus dem *Jerusalemer Talmud*, Stuttgart 1995, Reclams Universal-Bibliothek, 1733). Doch wer sich wirklich in die Primärquellen, und sei es in der Übersetzung, vertiefen möchte, braucht einen Lehrer. Nicht daß die Texte absichtlich dunkel geschrieben sind, vielmehr ist die ganze Denkweise mit einer Kultur verknüpft, die der unseren sehr fremd ist. Daher braucht man einen Experten, der einem den Sinn des Geschriebenen »enthüllt«.

Die folgenden nach Kapiteln geordneten Anregungen sind für Leser gedacht, die die Gedanken dieses Buches weiterverfolgen wollen.

Einleitung

Klenicki, Leon / Wigoder, Geoffrey: A Dictionary of the Jewish-Christian Dialogue. New York 1984.

Kochan, Lionel: The Jew and his History. New York 1977.

Kapitel 1

Meyer, Michael A.: Jewish Identity in the Modern World. Seattle/London 1990.

Webber, Jonathan (Hrsg.): Jewish Identities in the New Empire. London/Washington 1994.

Kapitel 2

Shanks, Hershel (Hrsg.): Christianity and Rabbinic Judaism: A Parallel History of Their Origins and Early Development. Washington 1992.

Maccoby, H.: Early Rabbinic Writings. Cambridge 1988.

Neusner, Jacob: Vanquished Nation, Broken Spirit: The Virtues of the Heart in Formative Judaism. Cambridge 1987.

Kapitel 3

Urbach, Ephraim E.: The Sages: The World and Wisdom of the Rabbis of the Talmud. Engl. Übers. von I. Abrahams. Cambridge 1987.

Saadia, Gaon: The Book of Beliefs and Opinions. Engl. Übers. von Samuel Rosenblatt. New Haven 1948.

Kapitel 4

Agnon, S. Y.: Days of Awe. New York 1965.

Greenberg, Irving: The Jewish Way: Living the Holidays. New York 1988.

The Jewish Catalog. Kompiliert und hrsg. von Richard Siegel [u. a.]. Philadelphia: Jewish Publication Society of America.

[Der erste *Catalog* erschien ohne Datum, der zweite 1976.] Diese *Catalogs* sind lebendig geschriebene »Heimwerkerbausätze« für das praktische jüdische Leben.

Kapitel 5

The Daily Prayer Book of the United Hebrew Congregations of the British Commonwealth of Nations. London 1990.
Siddur Lev Chadash (Prayer Book, Union of Liberal and Progressive Synagogues). London 1995.
Green, Arthur S. (Hrsg.): Jewish Spirituality. 2 Bde. New York / London 1987.
Jacobs, Louis: Hasidic Prayer. With a new Introduction. London ^{2}1993.

Kapitel 6

Geffen, Rela M. (Hrsg.): Celebration and Renewal: Rites of Passage in Judaism. Philadelphia/Jerusalem 1993.

Kapitel 7

Meyer, Michael A.: Response to Modernity: A History of the Reform Movement in Judaism. New York / Oxford 1988.
Sacks, Jonathan: Arguments for the Sake of the Heaven: Emerging Trends in Traditional Judaism. London 1991.
The Jew in the Modern World: A Documentary History. Hrsg. von Paul Mendes-Flohr und Yehuda Reinharz. New York / Oxford 1980.

Kapitel 8

Vital, David: The Origins of Zionism. Oxford 1975.
Marrus, Michael: The Holocaust in History. London 1987.
Blumenthal, David J.: Facing the Abusing God. Westminster 1993.

Plaskow, Judith: Standing Again at Sinai: Judaism from a Feminist Perspective. San Francisco 1991.
Contemporary Jewish Religious Thought. Hrsg. von Arthur Cohen und Paul Mendes-Flohr. New York 1987.

Kapitel 9

Feldman, David: Marital Relations, Birth Control and Abortion in Jewish Law. New York 1974.
Dorff, Elliot N. / Newman, Louis E.: Contemporary Jewish Ethics and Morality. A Reader. New York 1995.
Bleich, J. David: Contemporary Halakhic Problems. Bd. 3. New York 1989.

Hinweise auf einführende deutschsprachige Publikationen

Baeck, Leo: Das Wesen des Judentums. Darmstadt 1985.
Baumann, Arnulf H. (Hrsg.): Was jeder vom Judentum wissen muß. Gütersloh ^{8}1997.
Ben-Sasson, Haim Hillel (Hrsg.): Geschichte des jüdischen Volkes. 3 Bde. München 1979–81.
Fohrer, Georg: Glaube und Leben im Judentum. Heidelberg ^{2}1985. (UTB 885.)
Gamm, Hans-Joachim: Das Judentum. Eine Einführung. Frankfurt a. M. 1979.
Lau, Israel M.: Wie leben die Juden heute? Glaube, Alltag, Feste. Gütersloh ^{2}1990.
Maier, Johann / Schäfer, Peter (Hrsg.): Kleines Lexikon des Judentums. Konstanz 1981.
Pfaffenholz, Alfred: Was macht der Rabbi ...? Das Judentum. München 1998.
Schoeps, Julius (Hrsg.): Neues Lexikon des Judentums. Gütersloh 1992.
Stemberger, Günter: Einleitung in Talmud und Midrasch. München ^{8}1992.
– Geschichte der jüdischen Literatur. Eine Einführung. München 1977.

Stemberger, Günter: Jüdische Religion. München [2]1996.
Trepp, Leo: Die Juden. Volk, Geschichte, Religion. Reinbek 1969.

Die Reclam-Bibliothek Leipzig bietet in ihrer Judaica-Reihe zur Zeit 25 lieferbare Titel an (vgl. das Reclam-Gesamtverzeichnis).

Die Abbildungen des vorliegenden Bandes sind, mit Ausnahme der Abbildungen S. 39, 67, 83, 93 und 111, der englischen Originalausgabe entnommen.

Personen-, Orts- und Sachregister

Abrabanel, Isaak 56, 105
Abraham 27, 29, 144
Abtreibung 132, 148–150
Abulafia, Abraham 53–55
Adam 29, 142
Adoleszenz 110
Ahasver 78
Albigenser 115
Alkalai, Jehuda 22
Alliance Israélite Universelle 20
Alqabes, Salomo 91
Amida-Gebet 89
Antijudaismus 15
Antisemitismus 15, 20, 37, 119
Araber 27, 47
Ascher ben Jechiel 100
Aschkenasim 123
siehe auch Sephardim
Assimilation, Integration, Akkulturation 64, 116, 156
Auferstehung 9, 113, 118, 136, 159
siehe auch Leben nach dem Tod
Aufklärung 15, 19, 62 ff., 119, 127, 142
Aufstände gegen Rom 42
Auge um Auge 27
auserwähltes Volk 14–17, 19
Autopsie 133

Baal Schem Tow 59–61
Babylonien (Irak) 47, 128
Bacharach, J. H. 149
Baeck, Leo 141
Bahai 32
Banus 32
Bar Mizwa 103, 110
Baroka von Hoza'a, Rabbi 80 f.
Bat Chayil 110
Bestattung 113
Beis-Jaakow-Bewegung 145
ben Adret, Salomo 54
Ben Gurion, David 128, 130
Berger, Peter Ludwig 19 f.
Beschneidung 109
Bet Midrasch 85
Bibel (Hebräische Schrift) 12, 27 ff., 50, 64
siehe auch Thora; Neues Testament
Bibelkritik 52, 125
Bildung *siehe* Thora-Gelehrsamkeit
Bima (Lesepult) 71
Bitterkraut (*Maror*) 72
Bleich, J. David 155
Bloch, Ernest 94
Blumenthal, David 141
Blutanklage (Ritualmord) 15, 20
Board of Deputies of British Jews 20
Borowitz, Eugene 141
Breisch, Jacob 151
Buber, Martin 10, 29, 61, 141
Bund Gottes 10 f., 137
Bürgerrechte für Juden 10, 29, 63, 116
Buße (Teschuwa) 10, 73, 75 f.
siehe auch wiedergeboren

Chamez (Gesäuertes) 73
Chanukka *siehe* Feste
Chassid, Chassidim, Chassidismus 24, 59–61, 112, 128
ägyptische Chassidim 95
aschkenasische Chassidim 95
Chassidim von Sotmar 131
ukrainischer Chassidismus 96
Chassan (Vorbeter) 93
Chaverim (Genossen) 94
Chawura 126
Cherem (Exkommunikation) 64, 115
Chesed (Güte) 10
Christen, Christentum 9–13, 15–17, 29, 33, 36 f., 118
christlich-jüdische Beziehungen und Dialog zwischen Juden und Christen 36 f., 40
christlicher Hebraismus 51
Chrysostomos, Johannes 40
Central Conference of American Rabbis (Reform) 121
Clermont-Tonnerre, Graf 19
Cohen, Hermann 119, 141
Columbus-Programm 120
conversos 55 f.
Crémieux, Adolphe 20

Damaskus-Affäre 20
Daniel 87, 89
David 48, 52, 112
Deismus 64, 140
de Luna Beatriz *siehe* Graçia Nasi
de' Rossi, Salomone 94
Diaspora-Judentum 13
Dichtung (Poesie, Pijut) 90–94
siehe auch Liturgie
Dienemann, Max 121
Dinur, Ben Zion 13
Dogma 64
Dorff, Elliott 147
Drusen 32
Dubnon, Simon 13
Duran, Simon ben Zemah 151

Echad Ha-Am *siehe* Ginzberg, Ascher
Ehe 107 f., 122, 132
Elija 72, 80 f.
Elia von Wilna 22
Elischa 67
Elternschaft 112
Emden, Jakob 149
»Endlösung« 17, 137
Ephraim von Bonn 12 f.
Ercole II. 58
Erlösung 10 f., 138
Errettung 80
Seligwerden (Mendelssohn) 63
Erstgeborener (Auslösung) 155
Essener 12, 32
Esther 142
Ethik 43, 119, 123, 141
siehe auch medizinische Ethik
Euthanasie 152–154
Eva 29, 142
Exkommunikation *siehe Cherem*

Falckenheim, Emil 139
Falk, Joschua 149
Familie 107–109

Fastentage 79
Feinstein, Mosche 149–152
Feminismus 68, 142–145
Ferdinand und Isabella 56
Feste:
Pilgerfeste: Pessach 15 f., 70; Schawuot (Pfingsten) 70; Simchat Thora (Freude an der Thora) 71, 88; Sukkot (Laubhüttenfest) 70
Tage der Ehrfurcht: Tage der Sühne (Jom Kippur) 75 f.; Neujahr (Rosch Ha-Schana) 73 ff.
kleinere: Chanukka 77 ff.; Israelischer Unabhängigkeitstag 76; Neujahrsfest der Bäume 76, 79; Purim 76, 78
siehe auch Fastentage; Neumond; Schabbat
Feuerbach, Ludwig 21
fiscus Judaicus 36
Flavius Josephus *siehe* Josephus, Flavius
Fötizid 148–150
Frankel, Zacharias 125
Frauen 44, 67 f., 86, 103, 110, 121, 142–145, 149
Frauenordination 121, 125
Status und Aktivitäten 86, 126

Gamaliel II. 87 f.
Gebet 10, 82–87
Gebot (*Mizwa, Mizwot*) 10, 37
Gemara 45, 97 f.
Genisa (von Kairo) 48
Georg III. 20
gerechter Krieg 133
Gerschom von Mainz 107
Geschichten und Geschichten-Erzählen 61, 80 f., 97 f.
Geschichtsschreibung, jüdische Schulen der 12 f.
Get (Scheidungsbrief) 108
Ghetto 15, 18, 114
Ghetto von Kowno 135
Ginzberg, Ascher 22
Glauben, korrekter 64
Glauben und Werke 9
Gleichheit *siehe* Bürgerrechte für Juden
Glückel von Hameln 42
Godfrey de Bouillon 52
Gordis, Daniel 147
Gott 10, 14, 140–143
Bild Gottes 140
Eingreifen in menschliche Angelegenheiten 86, 140
Einheit 88
Immanenz 144
Liebe zur Kirche 38
Liebe zu Israel 38
moderne Vorstellungen 139–143
verborgener 138
weibliche Gottessymbolik 143
Graçia Nasi 55–59
Gross, Rita M. 143 f.
Grundsätze des Glaubens (Maimonides) 157

Hadrian 42
Haggadah 72, 103
Halacha 123–125, 135, 141, 144, 146–155

Halevi, Jehuda 42
Hallel 72
Hanna 84
Häresie 115
Hartman, David 141
Hasan ibn Nu'man 47
hebräische Sprache 11, 50, 58, 159
Hebrew Union College 121
Heiden 32–35
Heiligkeit 82
Heine, Heinrich 116
Heirat 110–112
Hermeneutik *siehe* Interpretation
Herzl, Theodor 22
Heschel, Abraham Joschua 87, 141
Hess, Moses 20 f.
Hillel 89, 96
Hirsch, Samson Raphael 123
Heiligkeit
hohes Alter 112 f.
Holocaust (Schoah) 23, 36, 40, 121, 128, 133–139
Holocaust-Theologie 25, 133–139
Homosexualität 107
Hostienschändung 15

Ibn Ezra, Abraham 52 f.
Ibn Gabirol, Solomon (Avicebron) 90
inklusivistische Sprache 121
individuelle Freiheit 19, 116, 127
Innozenz III., Papst 16, 115
Inquisition 56
Integration *siehe* Assimilation
Interpretation 12, 117 f., 127
Islam, Koran, Muslime 16, 24, 33, 46, 54, 66
Israel, Rechtssystem 131 f.
Israel, das Volk 10–12, 114, 128
Israel/Palästina, das Land oder der Staat 12, 19, 23, 121, 128
Israel Chief Rabbinate 124

Jacobson, Israel 117
Jahre, jüdische Berechnung der 28
Jahrzeit 113
Jakobus 34
Jehuda ha-Nasi 42–44
Jehudah he-Chasid 95
Jerusalem 33, 38, 146
Jesaia 109
Jeschiwa, Jeschiwot 31, 123
Jesus (Christus) 9, 29 ff., 36, 60, 114
Jetzer siehe Triebe
Jewish Theological Seminary of America 125
jiddisch 64
Jochanan von Tiberias, Rabbi 38
Johannes Paul II., Papst 42
Jom-Kippur-Krieg 130
Jonas, Regina 121
Jonathan ben Uziel 96
Josephus, Flavius 31–33
Judenchristen 12
jungfräuliche Empfängnis 151
Judentum, rabbinisches 28, 33, 43
Jüdische Identität 14–26
Justinus der Märtyrer 37

Kabbala 54, 61, 85, 136, 138
Kaddisch 113
Kahina, Dahiya 46 f.
Kalender, jüdischer 65–68, 77
Kant, Immanuel 62
Kaplan, Mordechai M. 126, 141
Karäer (Karaiten), Karaismus 49, 115
Kavana 84
Kiddusch Haschem (Heiligung des Namens Gottes) 133 f.
Kidduschin (Verlobung) 110
Kimelman, Reuben 38
Kirche und Staat, Trennung von 64
Klezmer-Kapellen 59, 112
Knien beim Gebet 89
Kolumbus 56
Konferenz Europäischer Rabbiner 124
Konfirmation 10
konservatives (*Masorti*) Judentum 59, 125 f., 132, 156
Konversion (Bekehrung) 34, 63
Kook, A. I. 130
koschere Ernährung 104–106
Krankenbesuche 101
Kreuzzüge 13, 51
künstliche Befruchtung 147, 150–152
Kushner, Harold 141

Laterankonzil 16
Laubhüttenfest *siehe* Feste
Lavater, Johann Kaspar 62
Leben nach dem Tod, ewiges Leben des Geistes 32, 113, 136
Leihmutterschaft 155
Lessing, G. E. 62
Lévinas, Emmanuel 141
Lewandowski, Louis 94
Liberal Movement 122
Liberaler Rabbinerverband 121
liberales Judentum 121 f.
Liebe Gottes 94
Liebe, Güte (*Chesed*) 10
Liebe des Nächsten, Nächstenliebe 37
Lipschütz, Israel 140
Liturgie 43, 87–94, 121
  Liturgiereform 117, 144
Lubawitsch 61

Maimonides, Abraham 95
Maimonides, Moses 42, 52, 54, 84, 97, 157
Maimonides, Obadiah 95
Mamser 159 f.
Mark Aurel 43
Marranos siehe conversos
Martyrium, jüdische Märtyrer, Martyrologie 12 f., 41
Marx, Karl 21
Masorti siehe Konservatives Judentum
Mazzah (ungesäuertes Brot) 72
medizinische Ethik 146 f.
Mendelssohn, Moses 62–64, 116
Mendelssohn-Bartholdy, Felix 94, 116
Mendez, Diogo 56
Messias 13, 35, 61, 118, 138, 157
Meyer, Michael 18 f.

Meseritsch, der Maggid von 60
Mittleres Alter 112
Mikwe (rituelles Bad) 107
Milhaud, Darius 94
Minjan 85
Mischna 43 ff., 157
Mitnageddim 61, 123
Mizwa, Mizwot siehe Gebot
Moderne 127
Monate, jüdische 66–68
Montagu, Lily 122
Montefiore, Claude 122
Montefiori, Moses 20
Mortara-Affäre 20
Moses 27 ff., 34, 59, 112
  mosaisches Gesetz 119
Musar-Bewegung 96, 123
Musik der Synagoge 94, 117
Mystik 54, 69, 85, 95 f., 138

Nationalismus 22
  jüdischer 130–132
Natur 64, 144
Nazis 16, 50, 136
Neues Testament 31, 33 f.
Neuplatonismus 53
Neumond (*Rosch Chodesch*) 67 f.
Neumond (*Rosch Chodesch*)-Bewegung 67 f., 145
Nikolaus II., Papst 53
Nietzsche, F. 139
Novak, David 141

Offenbarung 19
  fortschreitende 118
  offenbarte Gesetzgebung 64
Origenes 38
orthodoxes Judentum 28, 60, 62, 90, 106, 110, 112 f., 122–125, 132, 144, 155 f.
Oschry, Ephraim 135

Patriarchalische Gesellschaft 142
Paulus (Saulus) von Tarsus 29, 33–35
Pelaggi, Hajjim 154
Pepys, Samuel 69, 71
Pessach *siehe* Feste
Petrus 34
Pharisäer 22, 31 ff.
Philadelphia-Programm 158 f.
Philon von Alexandria 68 f., 75
Pittsburgh-Programm 119
Platon 112
pluralistische Gesellschaft 25
Polygamie 107
Populationen, jüdische 24
Priesand, Sally 121
Propheten, Prophetie 49, 54
Purim *siehe* Feste

Qallir, Eleazar 90

Rabbaniten, rabbanitisches Judentum 115
Rabbinen 4, 28, 37, 43, 84, 101, 114
Rabbiner, Rabbis 42, 60, 126
  weibliche 121
Rabbinical Council of America 124
Raschi 50–52, 98
Rebbe 60 f.

Reconstructionist Rabbinical College 126
Reformjudentum 28, 113, 117–122, 132, 156
Reinkarnation 136
rekonstruktionistisches Judentum 126, 144
Religion der Natur und Vernunft (Mendelssohn) 64
Renaissance 53
Responsa, rabbinische 146
Römisches Recht (Gaius und Ulpian) 53
Rosch Ha-Schana *siehe* Feste
Rosch Galuta (Haupt des Exils) 48
Rosenzweig, Franz 13
Rubenstein, Richard 138 f.

Saadja, Gaon 47–50
Sacharja 78
Sadduzäer 12, 32
Säkularisierung, Säkularismus 19, 23, 25, 133
Salanter, Israel 96, 123
Samariter 12, 32
San-Francisco-Programm 1976 120 f.
Schabbat 65 ff.
Schechter, Solomon 125
Schechina (Gegenwart Gottes) 85, 138
Scheidung (*Get*) 44, 108
Scherira Gaon 13
Schiurim (Studiensitzungen) 96, 104
schiwa 113
Schmah Jisrael 88 ff., 136
Schneersohn, Menachem Mendel 61
Schoah *siehe* Holocaust
Schochet (Schächter) 105
Schofar 75
Schrift *siehe* Bibel, hebräische; Neues Testament
Schtetl 99
Seder 71 f.
Seele 113
Selbstdefinition des jüdischen und christlichen Glaubens 36 ff.
Selbstmord 154
Sephardim 123
siehe auch Aschkenasim
Septimius Severus 43
sexuelle Beziehungen 107–109
sexuelle Orientierung 107
Shakespeare, W. 109
Sherwin, Byron L. 154
Soloweitschik, Chajim 84
Soloweitschik, Joseph Dow 97, 139
Spinoza 52, 118
Spiritualität 80–98, 119
Stamaim 44–46
Status quo *siehe* israelisches Rechtssystem
Stoiker 43
Sufis, Sufi-Bewegung 54, 95
Sulzer, Salomo 94
Sura und Pumbeditha am Euphrat 47
Synagoge 65–71, 85, 94, 117, 126

Tallit 101
Talmud 12, 31, 43–46, 64, 77, 80, 86, 103 f.
Autorität 117

Tam, Jacob 154
Tay-Sachs-Syndrom 149
Tefilla 87
siehe auch Gebet
Tefillin 101
Teitelbaum, Joel 152
Tempel (antiker, in Jerusalem) 42, 82
Tempel (Reform) 117
Teschuwa *siehe* Buße
Teufel 15
Thora 10 f., 28, 34, 43, 49, 85, 88 f., 92, 114, 124 f., 137, 146
Thora-Gelehrsamkeit 82, 96–98
Thora-Weise 124
Thora min ha Schamayim 124
siehe auch Offenbarung
Thora-Rollen (*Sefer Torah*) 71
Thora, vereint mit weltlicher Bildung (S. R. Hirsch) 123
Tierliebe des Jehuda ha-Nasi 43
Tod 113
Totenverbrennung 113
Totes Meer (Schriftrollen) 32
Trauerzeit 113
Triebe, gute und böse 10
tugendhafte Männer (Mendelssohn) 63

Ungar, Schmuel David 136
Union for Traditional Judaism 125
Universalismus und Partikularismus 21
Usque, Samuel 58
Ussher, Bischof 29

Vergebung der Sünden 10, 75
Vernunft und Glauben (Mendelssohn) 64
Vespasian 31, 36
Voltaire 15

Waffenhandel 133
Waldenburg, E. J. 149, 153
Webber, Jonathan 24 f.
wiedergeboren 10
wiedergeborene Juden (*Baal-Teschuwa*-Bewegung) 128
siehe auch Teschuwa
Wiesel, Elie 138
Wise, Isaac Meyer 118
Wohltätigkeit 10, 99–101

Zaddik 61
Zedaka *siehe* Wohltätigkeit
Zehnter 100
Zeloten 32
Zionismus 21–23, 128–131
Zoroaster, Anhänger des 33

Kurt Johnen: *Allgemeine Musiklehre.* 143 S. Mit zahlreichen Notenbeispielen. UB 7352

Howard Clark Kee: *Was wissen wir über Jesus?* 174 S. UB 8920

Kleines Fremdwörterbuch. Mit einem Verzeichnis gebräuchlicher Abkürzungen. Bearbeitet von Michael Müller. 349 S. UB 8438

Kleines Wörterbuch der Architektur. 144 S. Mit 113 Abbildungen. UB 9360

Angelika und Ingemar König: *Der römische Festkalender der Republik.* Feste, Organisation und Priesterschaften. 152 S. UB 8693

Ingemar König: *Der römische Staat.* Teil 1: Die Republik. 262 S. UB 8834 – Teil 2: Die Kaiserzeit. 550 S. UB 9615

Heinrich Laag: *Kleines Wörterbuch der frühchristlichen Kunst und Archäologie.* 277 S. Mit einem Anhang altgriechischer Fachwörter und 100 Abbildungen. UB 8633

Johanna Lanczkowski: *Kleines Lexikon des Mönchtums.* 280 S. UB 8867

Peter Niehenke: *Astrologie.* Eine Einführung. 277 S. Mit 28 Abbildungen. UB 7296

Sven Pieper / Bärbel Schmidt: *Kartenspiele.* Vorwort von Detlef Hoffmann. 287 S. UB 4216

Alistair I. M. Rae: *Quantenphysik: Illusion oder Realität?* 196 S. UB 9607

Reclams Englisches Wörterbuch. Englisch – Deutsch. Von Dieter Hamblock. 387 S. UB 9476

Reclams Namenbuch. Deutsche und fremde Vornamen nach Herkunft und Bedeutung erklärt. Herausgegeben von Friedhelm Debus. 96 S. UB 7399

Jürgen Roloff: *Einführung in das Neue Testament.* 267 S. UB 9413

André Ruschkowski: *Elektronische Klänge und musikalische Entdeckungen.* 448 S. Mit 68 Abbildungen. UB 9663

Annemarie Schimmel: *Der Islam.* Eine Einführung. 159 S. UB 8639

Hans Schmoldt: *Das Alte Testament.* Eine Einführung. 266 S. UB 8940

– *Kleines Lexikon der biblischen Eigennamen.* 247 S. UB 8632

Willy Steputat: *Reimlexikon.* Bearbeitet von Karl Martin Schiller. 367 S. UB 2876

Wolfgang Trapp: *Kleines Handbuch der Maße, Zahlen, Gewichte und der Zeitrechnung.* 317 S. Mit Tabellen und Abbildungen. UB 8737

Hans-Heinrich Voigt: *Das Universum.* Planeten – Sterne – Galaxien. Mit 28 Abbildungen und 8 Tabellen. 301 S. UB 5228

Joachim Wehler: *Grundriß eines rationalen Weltbildes.* 285 S. UB 8680

Claudia Wisniewski: *Kleines Wörterbuch des Kostüms und der Mode.* 284 S. UB 4224

Philipp Reclam jun. Stuttgart

Universal-Bibliothek

Diese elementare, kurzgefaßte Einführung widmet sich vor allem dem jüdischen Glauben. Daneben kommen aber auch die wesentlichen kulturellen Aspekte dieser Religion in Geschichte und Gegenwart zur Sprache. Es geht zudem um das Verhältnis von Judentum und Christentum und um die Stellung der Juden in der Welt von gestern und heute. Ihr Schicksal gerade im 20. Jahrhundert bildet eines der zentralen Themen des Buches.

ISBN
9 783150 097809